Heinz Sielmann

präsentiert

ABENTEUER NATUR

Die schönsten Tierreportagen aus aller Welt

EDITION PRO TERRA

Heinz Sielmann
ABENTEUER
Die schönsten Tierreportagen aus aller Welt

präsentiert
NATUR

Inhalt

Vorwort
von Heinz Sielmann Seite 6

Original Expeditionsberichte
Ob im dichten Dschungel des Kongos oder in den Weiten der Antarktis – faszinierende Abenteuer in einer oftmals noch unbekannten Welt.
Heinz Sielmann Seite 8

Die königliche Familie läßt bitten
Wenn ein Löwe es schafft, Chef eines Rudels zu werden, hat er zeit seines Lebens ausgesorgt.
Angelika Hofer Seite 46

Wehe, wenn der Chef schreit
Der Rothirsch ist unser mächtigstes Wildtier. Wenn er laut wird, herrscht Aufregung im Wald.
Walter Karpf Seite 58

Der friedliche Schein trügt
Flußpferde, die harmlos aussehenden Pflanzenfresser, sind die aggressivsten Tiere Afrikas.
Walter Karpf Seite 66

Ein König, der jagen läßt
Es gibt ihn wieder häufiger, den Weißkopf-Seeadler – Amerikas großen Wappenvogel mit kleinen Schwächen.
Uta Tennigkeit Seite 72

Der Turner auf dem Teich
Grasfrösche sind als gewaltige Hüpfer bekannt. In der Laichzeit verlegen sie ihre artistischen Übungen ins Wasser.
Walter Karpf Seite 82

Nach dem Kampf ist Damenwahl
Sie balzen, bis die Federn fliegen – aber von Ehe wollen Kampfläufer-Männchen nichts wissen.
Uta Tennigkeit Seite 88

Wo für Eisbären der Spaß aufhört
Einsam streifen sie durchs Polareis. Nur selten treffen sie aufeinander – der Liebe wegen oder um zu kämpfen.
Walter Karpf Seite 94

Der Hase – auf dem Sprung ins Verderben?
Der Überlebenskünstler mit den langen Ohren hat bisher alle natürlichen Gefahren gemeistert. Doch was ihm der Mensch jetzt antut, bedroht seine Existenz.
Walter Karpf Seite 102

Der unheimliche Schlucker
Der Walhai ist der größte Fisch der Erde. Doch der Riese ist harmlos. Er schluckt nur Plankton und kleine Fische.
Uta Tennigkeit Seite 110

Die wilde Schwester aus dem Wald
Gehaßt, gehetzt – und fast ausgerottet. Jetzt aber ist die scheue Wildkatze wieder da.
Uta Tennigkeit Seite 118

Regel Nummer 1: Bloß kein Affentheater
Orang Utans sind klug, leben gemütlich, streiten, kämpfen nie. Sie lernen sogar vom Menschen, wie man als Affe richtig lebt.
Walter Karpf Seite 124

Brüten bei 50 Grad Kälte – reine Männersache
Mitten im arktischen Winter vollzieht sich bei Eis und Stürmen ein unglaubliches Naturwunder: Auf dem kältesten Kontinent der Erde bringen Kaiserpinguine ihren Nachwuchs zur Welt.
Uta Tennigkeit Seite 136

Das blaue Wunder
In der Luft perfekte Piloten, in der Liebe galante Akrobaten, im Kampf mutige Angreifer: die Libellen – eine Augenweide für jeden Naturfreund.
Uta Tennigkeit Seite 142

Nachwuchssorgen beim Baby-Boten
Pech für die Glücksbringer: der Weißstorch, Symbol für Fruchtbarkeit, droht auszusterben – weil ihm das richtige Futter fehlt.
Uta Tennigkeit Seite 152

Bock auf steile Gipfel
Er ist das Wappentier der Alpen: der stolze Steinbock. Dabei war er dort schon mal ausgestorben und verdankt Schmugglern seine neue Existenz.
Uta Tennigkeit Seite 158

Flink, fleißig – und vergeßlich
Unablässig huscht das Eichhörnchen umher, sammelt Nahrung und legt Depots an – die es häufig nicht wiederfindet.
Walter Karpf Seite 162

Es muß nicht immer Kaviar sein ...
... Lachs tut´s auch. Amerikanische Braunbären sind die größten Landraubtiere der Erde – Allesfresser, aber auch Feinschmecker.
Walter Karpf Seite 168

Unsere armen Verwandten
Die letzten 280 Berggorillas gibt es im Regenwald Ruandas. Nur der Tourismus sichert ihr Überleben.
Walter Karpf Seite 174

Wenn die Kraniche ziehen...
...sind die Nächte erfüllt von ihren weithin hallenden Fanfarenrufen. Aus der Einsamkeit skandinavischer Moore kommend überfliegen sie alljährlich in großen Geschwadern unser Land mit Kurs auf Afrika.
Uta Tenigkeit Seite 178

Heinz Sielmann Stiftung
Heinz Sielmann fördert Projekte, um letzte Refugien unserer strapazierten Natur zu erhalten und um unseren Kindern und Enkeln eine lebenswerte Zukunft zu sichern.
Heinz Sielmann Seite 184

Bildnachweis und Impressum Seite 192

Vorwort

Die ganze Schöpfung ist gefährdet

Noch immer ist die Schönheit der Natur überwältigend und gleicht mancherorts einem Paradies. Das darf jedoch nicht darüber hinwegtäuschen, daß der Vormarsch der Zivilisation auch die letzten wertvollsten Ökosysteme existenziell bedroht. In nur drei Jahrzehnten haben wir seit der Erfindung der Kettensäge mehr als die Hälfte der Tropischen Regenwälder vernichtet, täglich werden 50 bis 100 Tier- und Pflanzenarten ausgerottet. Mit dem Schicksal vieler Tierarten ist es dabei ähnlich wie mit allen anderen Umweltproblemen auf dieser Welt. Zwar gibt es Menschen, die seit langem vor dem Raubbau an der Natur mit einer Zerstörungswelle apokalyptischen Ausmaßes warnen, doch es dauerte Jahrzehnte, bis das wahre Ausmaß der Gefahr in das Bewußtsein eines Teils der Öffentlichkeit vordrang.

Schon der deutsche Naturforscher Alexander von Humboldt (1769 - 1859) war von der Artenfülle, die er während seiner Forschungsreise nach Südamerika entdeckte, wie von Sinnen. Er schrieb begeistert: „Ohne seine Heimat zu verlassen, sei der Mensch der heißen Zonen damit beschenkt, alle Pflanzengestalten der Erde zu sehen“. Was Alexander von Humboldt zu schätzen wußte, müssen wir Menschen heute erst wieder mühsam lernen. Achtung vor der Natur und den Tieren ist die Lernaufgabe unserer Zeit schlechthin. In den letzten 200 Jahren wurde die Natur, besonders die Tiere, vor allem unter dem Gesichtspunkt ihrer Nutzbarkeit betrachtet. Wozu auch sollte eine für die zivilisierte Menschheit unbewohnbare Natur nütze sein. Deshalb entstanden überall auf der Erde von Menschen geschaffene Monokulturen. Sie verstoßen gegen alle Gesetzmäßigkeiten der Ökologie. Ausgewogene Lebensgemeinschaften können hier nicht bestehen, und für jegliche Artenfülle fehlt der notwendige Entfaltungsraum. Die Zerstörung unseres höchst dynamischen, seit Jahrmillionen in sich abgestimmten Artengefüges hat zwischen 1970 und 1995 eine unvorstellbare Dimension erreicht. Während im Verlauf der vergangenen 200 Millionen Jahre im Durchschnitt eine Art pro Jahr ausgestorben ist, gehen Wissenschaftler davon aus, daß in den letzten 25 Jahren mindestens eine Art pro Stunde ausgestorben ist. Zum Glück gibt es in den letzten Jahrzehnten engagierte private Naturschutzorganisationen wie den World Wide Fund for Nature (WWF), die schnellstens handeln und die Natur mit ihren komplexen Lebensgemeinschaften, den wechselseitigen Beziehungen und Abhängigkeiten schützen, so daß das gemeinsame Erbe der Menschheit erhalten werden kann.
Nur eine systemübergreifende und internationale Kooperation kann eine umfangreiche Arterhaltung noch sichern. Wir müssen entschlossen sein, die Fehler der Vergangenheit durch effektive Maßnahmen zu korrigieren. Nur gemeinsam können wir auch für künftige Generationen unsere Lebensgrundlage und somit auch das Überleben vieler vom Aussterben bedrohter Arten sichern.

Besonders gefährdet sind die afrikanischen Elefanten und die Nashörner. Das Elfenbein der

Elefantenstoßzähne ist weltweit ein beliebter Handelsartikel. Unzählige Elefanten werden nur wegen ihrer Stoßzähne erschossen. In den letzten Jahren ist der Bestand der Spitzmaulnashörner allein in Kenia um mehr als 90 Prozent zurückgegangen. Ein Grund dafür ist der Aberglaube, die Hornsubstanz enthalte Wirkstoffe, die Männer noch „männlicher" machen. Das ist natürlich Unsinn, aber das Gemetzel an den Spitzmaulnashörnern hält an. Erst wenn der Handel mit Waren aus Elfenbein, Krokodil- oder Schlangenleder verboten wird, haben diese Tiere eine Chance zu überleben. Obwohl durch das Washingtoner Artenschutzabkommen (WA) die Ein- und Ausfuhr geschützter Tier- und Pflanzenarten eingeschränkt wurde, blüht der Handel mit der Ware Tier.

Daß derzeit über 8.000 Tier- und mehr als 40.000 Pflanzenarten aufgeführt werden, verdeutlicht die enorme Bedrohung vieler Arten auf unserem Planeten.

Manche Menschen sagen mir, ich müsse doch langsam melancholisch werden, wenn ich daran denke, was allein im Laufe meines Lebens alles in der Natur vernichtet worden ist. Dann sage ich: Wißt ihr, ich bin keineswegs melancholisch, denn ich bin voller Hoffnung für die Natur. Eins ist sicher, wenn unser Verstand nicht ausreicht, um wieder mit der Natur in Einklang zu kommen, wird die Natur uns wie ein fremdes Organ abstoßen. Und dann bin ich mir sicher, wird es eines Tages wieder eine Natur mit paradiesischer Artenfülle geben. Wir müssen uns wieder auf die Grundlagen des Lebens besinnen. Denn der Mensch ist nur Gast auf der Erde – neben vielen anderen Lebewesen. Die Schönheit der Natur ist unser aller Erbe, um das wir kämpfen müssen. Um den Menschen aber zu zeigen, was für eine wundervolle Tierwelt es zu erhalten gibt, habe ich dieses Buch mit fantastischen Tieraufnahmen für Sie zusammengestellt. Diese beispielhaften Tiergeschichten sollen Ihnen zeigen, warum es sich lohnt zu kämpfen.

Ich selber habe am 1. Juni 1994 die Heinz Sielmann Stiftung gegründet. Sie soll dazu beitragen, meine Maxime „Naturschutz als positive Lebensphilosophie" einer breiten Öffentlichkeit näherzubringen.

Die Kinder- und Jugendarbeit liegt mir besonders am Herzen, denn unsere Kinder sind die Naturschützer von morgen. Deshalb ist neben der Erhaltung letzter Refugien die Heranführung von jungen Menschen an „positiven Naturschutz" ein weiteres, sehr wichtiges Ziel.

Nur wenn wir uns heute für die Natur engagieren, können unsere Kinder und Kindeskinder sie auch weiterhin erleben.

Im Anhang dieses Buches finden Sie weitere Informationen, wie sich die Heinz Sielmann Stiftung für den Naturschutz einsetzt. Ich möchte es vielen Menschen ermöglichen, die Natur zu achten und lieben zu lernen.

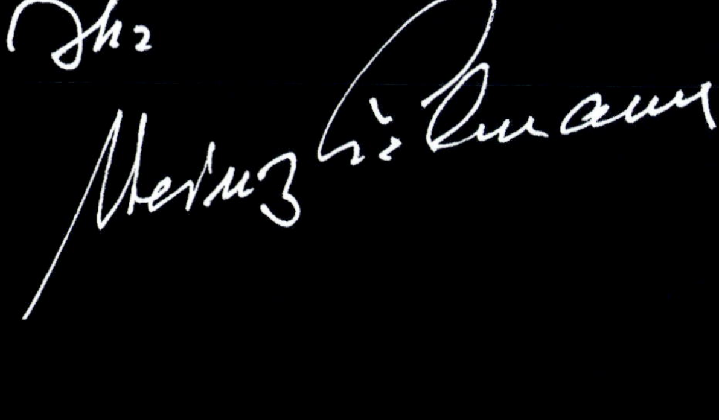

Keinen Appetit auf Menschensteak

Angst vor unserem mächtigsten Beutegreifer, dem Löwen, muß nicht sein.

Der König der Tiere

Seine kraftstrotzende Gestalt, seine eindrucksvolle Physiognomie und üppige Mähne haben zu der uralten Auffassung geführt, daß der König der Tiere der Löwe sei. In unseren Zoologischen Gärten verweilen die Besucher vor den Löwen-Anlagen besonders lange. Zu den Höhepunkten des Zoobesuchs gehört für groß und klein die Fütterung der Löwen, bei der die kraftvollen Beutegreifer ihre Mahlzeit mit geradezu frenetischem Gebrüll an sich reißen und gierig verschlingen. Dies sieht schon sehr furchterregend und beeindruckend aus.

Auf Safari durch die afrikanischen Nationalparke – mit Hilfe der Ranger

Heute jedoch ist es – was vor wenigen Jahrzehnten noch undenkbar war – für viele Menschen sogar erschwinglich, das Reich der Löwen in freier Wildbahn zu erleben. Vor allem dem ehemaligen Direktor des Frankfurter Zoos, Bernhard Grzimek, ist es zu verdanken, daß die faszinierende Tierwelt der afrikanischen Savannen, speziell der Serengeti in Tansania, durch seine Fernsehsendungen und Bücher zu einem verstärkten Tourismus in diese Gebiete führte.
Oft bekomme ich Zuschriften von Afrika-Urlaubern, die sich erstaunt darüber äußern, daß die Löwen sich völlig vertraut in den Schatten der Safarifahrzeuge legen, um dort Abkühlung zu suchen.
Wer allerdings annimmt, daß die Löwen an Menschen gewöhnt sind, irrt sich gewaltig: Die Löwen kennen nur die Fahrzeuge und sich bewegende Oberkörper beim Fotografieren.
Bei allem Tierreichtum der afrikanischen Nationalparks ist die Begegnung mit „Simba" das wichtigste Erfolgserlebnis einer Safari. Da die großen Beutegreifer vorzugsweise in der Kühle der Nacht auf den Läufen sind und am Tage ruhen, erkunden passionierte Ranger deshalb in der Frühe die Standorte der Rudel.
Nur unter Aufsicht eines Rangers kann vermieden werden, daß passionierte Kamerajäger die am Tage untätig im Schatten ruhenden Motive durch zu dichtes Heranfahren immer wieder in Bewegung bringen.
Da die Tiere in vielen Parks täglich von Tausenden von Touristen besucht werden, würden ohne die Kontrolle der Ranger die Löwen zwangsläufig aus den Parks vertrieben werden. Doch dank der Ordnungsfunktion der Ranger wird gewährleistet, daß die Löwen nicht in ihren natürlichen Verhaltensweisen beeinträchtigt werden.

Mutig wie ein Löwe: Wer hat mehr Angst, der Mensch oder der Löwe?

Wie gefährlich ist die wahrlich majestätische Erscheinung des Löwen nun eigentlich für den Menschen?
Hierzu fallen mir zwei Erlebnisse ein: Im damaligen Belgisch Kon-

go filmte ich 1957 an der Mündung des Semliki in den Eduardsee in einer besonders reizvollen und wildreichen Landschaft. Ich wohnte mit meinen Mitarbeitern in kleinen festen Lehmhäusern, in denen wir uns vor Raubtieren sicher fühlten.

Eines nachts mußte ich ins Freie, um „nach den Sternen zu sehen". Dabei fiel mir ein Termitenhügel auf, den es am Tag an der gleichen Stelle noch nicht gegeben hatte. Er war nur fünf Schritte entfernt, und plötzlich fing er an, sich zu bewegen. Ich eilte zur Hütte zurück und weckte meine Freunde. Wenig später sahen wir sechs Löwen gemächlich das Weite suchen. Ich hatte sie in ihrer Ruhe gestört.

Flucht, solange die Distanz gewahrt bleibt.

Ein weiteres Erlebnis hatte ich bei Dreharbeiten für die Fernsehreihe „Wunderbare Welt" der National Geographic Society. Meine amerikanischen Kollegen benötigten eine Szene, bei der ich mich mit meiner Filmkamera nah an ein Rudel Löwen anpirschte. Dabei passierte Überraschendes. Kaum hatte ich den Jeep verlassen und mich in Richtung Löwen in Bewegung gesetzt, waren alle elf Löwen auf den Läufen und eilten schnell wie die Windhunde davon.

Der Grund? Die Löwen hatten noch nie einen Zweibeiner gesehen. Der Anblick bewirkte bei ihnen keinen Appetit auf ein saftiges Steak, sondern blankes Entsetzen. Die natürliche Reaktion ist zunächst erst einmal die Flucht, was die Filmarbeiten natürlich sehr, sehr mühselig machte.

Ähnliches erlebte ich zum Beispiel auch mit Haien in verschiedenen Korallenmeeren. Nie kam es zum Angriff, sondern immer zur Flucht, wenn sie zum ersten Mal an entlegenen Riffen das unheimliche Geschöpf eines Flossenmenschen mit blubbernder Tauchflasche erlebten.

Im allgemeinen leben Löwen in einer Umgebung, in der es keinen Mangel an Beutetieren gibt. Somit sind Angriffe auf Menschen sehr selten. Trotzdem ist es eine absolute Notwendigkeit, daß man in den Nationalparks die Fahrzeuge nicht verlassen darf. Nehmen wir an, ein Tourist verschwindet hinter einem Busch, wo eine Löwin ihre Jungen säugt. Dann wäre die Fluchtdistanz nicht mehr gewahrt, und in den meisten Fällen würde es zum Angriff der Löwin kommen. Außerdem dient diese Maßnahme dazu, die Beeinträchtigungen der Tiere so gering wie möglich zu halten.

Eine Löwin während eines Sandsturms, der über die Steppe fegt. Vor und während der Eiszeit bewohnte Panthera leo ganz Europa, Asien und Nordamerika, heute kommt er nur noch in Savannen und Steppen Afrikas und in Vorderindien vor.

Der schnelle Koloß

Das Flußpferd, in seiner Gefährlichkeit oft unterschätzt

In Ishango, der zauberhaften Stromlandschaft am Semliki

Schon lange hat der Name Nilpferd seinen Sinn verloren. Aus dem ägyptischen Nil waren die Kolosse schon zu Beginn des vorigen Jahrhunderts restlos verschwunden. Auch im Blauen und im Weißen Nil, also am Oberlauf des „Vaters der Ströme“, sind diese „Fleischpaläste“ mit einem Gewicht von bis zu 60 Zentnern nur noch an wenigen Stellen zu finden. Deshalb sollten wir sie nur noch als Flußpferde bezeichnen. Besonders eindrucksvoll erlebte ich die Hippos, wie sie nach ihrem wissenschaftlichen Namen Hippopotamus oft genannt werden, in Ishango. Diese zauberhafte Stromlandschaft liegt dort, wo der Semliki in den Eduardsee mündet. Hier lebt auch der Schreiseeadler. Man nennt ihn zu Recht die „jauchzende Stimme der afrikanischen Fluß- und Seenlandschaft“. Zahllose Sumpf- und Wasservögel wie Marabus, Kronenkraniche, Sattelstörche, Ibisse, Kormorane und Pelikane finden hier reiche Nahrung. Zugleich ist die Flußmündung ein Paradies für Flußpferde.

Filmarbeiten aus sicherem Versteck

Nachdem wir den Tagesrhythmus und die Lieblingsplätze der Flußpferde von der hohen Uferböschung aus erkannt hatten, bauten wir uns dicht bei ihrem bevorzugten Badestrand einen Erdbunker, massiv aus Eisenrohren und mit Schilfmatten getarnt. Besonders die Mütter mit Jungen sind gefährlich. Deshalb verschwand ich schon vor dem Hellwerden in meiner Tarnkappe, um oft erst gegen Abend wieder herauszukommen. So konnte ich mit Kamera und Tonband eine Woche lang das Familienleben der Hippos dokumentieren. Es war mir möglich, die Bewegungen der Tiere sehr gut zu beobachten, denn vor meinem Ansitz war der Semliki nur zwei Meter tief.

Gewaltig sieht es aus, wie sie das Wasser mit propellerartigen Bewegungen aus ihren Gehörgängen schleudern, wenn sie nach einigen Minuten zum Atemholen auftauchen. Unter Wasser erscheint es, als würden die Kolosse schwerelos schweben. Meist schwimmen sie gar nicht, sondern wandern durch den wogenden Pflanzenwuchs. Vor allem in ruhigen Revieren begeben sich die Hippos bei Sonnenschein gern zu einem Schläfchen auf die Sandbänke. Doch nur im Schutz der Dunkelheit steigen sie auf ihren ausgetretenen Trampelpfaden die Ufer hinauf. Oft wandern sie des Nachts viele Kilometer weit ins Landesinnere. Vor allem in der Trockenzeit haben die riesigen Vegetarier es gar nicht so leicht, ihren großen Nahrungsbedarf zu stillen. Menschen sollten nach Möglichkeit Begegnungen mit Flußpferden vermeiden. Aus Bequemlichkeit folgen Fußgänger und Radfahrer gern den ausgetretenen Hippowegen. Bei Gefahr werden die Kolosse stets auf ihren Wechseln zum rettenden Wasser flüchten. Dabei überrennen sie jedoch alles, was im Wege steht.

Auf der Flucht

Einmal geriet sogar ich in echte Bedrängnis. Ich war mit zwei schwarzen Helfern im Jeep über die Savanne gefahren und hatte dabei mehrere Flußpferde in einem Tümpel gesehen. Es war verlockend, den weiten An- und Abmarsch zu sparen, zumal sogar Mütter mit Jungen dabei waren, und dieses seltene Bild wollte ich mir nicht entgehen lassen.

Die Schwarzen warnten mich, die Flußpferde würden sich in die Enge getrieben fühlen und mich unweigerlich angreifen. Vorsichtig pirschte ich mich mit der schweren Kamera bis auf 20 Meter an den Tümpel heran, und es glückten eindrucksvolle Großaufnahmen. Als ich gerade beim Wechseln der Objektive war, schrien meine Helfer aus sicherer Entfernung plötzlich „Attention". Eine Hippomutter wollte mich attackieren.

Nie hätte ich es für möglich gehalten, daß ein scheinbar so schwerfälliges Tier auf seinen kurzen, stämmigen Beinen derart schnell aus dem zähen Schlamm hervorschießen könnte. Laut brüllend, das Riesenmaul mit den mächtigen Zähnen weit aufgerissen, raste der Koloß auf mich zu. Ich ließ die Kamera mit dem Stativ stehen und sprang mit weiten Sätzen seitlich ins Gebüsch. Der Schlamm am Tümpel war in der Hitze zerplatzt wie eine Scheibe trockenes Brot. Wie leicht hätte ich stolpern oder ausrutschen können, und die Flußpferddame hätte mich mit Sicherheit nicht nur liebevolle beschnuppert.

Mensch und Tier im gleichen Lebensraum

Zahlreiche Flußpferde und gut gedeihende Landwirtschaft sind in der selben Gegend leider nicht möglich.

Auch in einigen Nationalparks wie im Queen Elizabeth-Nationalpark in Uganda leben zu viele der Dickhäuter. Viele Gebiete sind überweidet. Entlang des Ufers besteht Gefahr, daß der Park versteppt, wenn nicht eine beachtliche Zahl an Flußpferden abgeschossen wird, um das ökologische Gleichgewicht wieder herzustellen.

In Kenia leben 70 Prozent der wilden Tiere außerhalb der Parks und bedrohen Ackerbau und Viehzucht. Heute wächst die Erkenntnis, daß die freilebende Tierwelt in Afrika nur überleben kann, wenn auch ausreichend für die Menschen gesorgt wird.

Elefanten, Büffel, Flußpferde, aber auch Beutegreifer wie Löwen oder Hyänen dürfen nicht nur als Konkurrenten um den immer knapper werdenden Lebensraum und als Bedrohung für die Ernten angesehen werden.

Es ist wichtig, daß die lokale Bevölkerung die Tiere als etwas Wertvolles erkennt und von ihnen profitieren kann. Gemeint ist keinesfalls das Geschäft mit Elfenbein oder Rhinozeroshörnern, sondern die kontrollierte Bewirtschaftung der Herden wildlebender Tiere. Noch ist dies in Ostafrika eine weitgehend unerkannte Einnahmequelle. Hätte die Landbevölkerung die Möglichkeiten des begrenzten Abschusses und der geregelten Vermarktung, wäre dies die beste Gewähr, das Wildererwesen einzudämmen, das Leben der Menschen zu verbessern und das der freilebenden Tiere zu sichern.

Weit über die Hälfte ihres Lebens liegen die bis zu drei Tonnen schweren Flußpferde im badewannenwarmen Wasser, dösen und plantschen vor sich hin. Ihre Jungen bringt die Nilpferd-Kuh unter Wasser zur Welt.

Konzert am Tümpel

Filmarbeiten bei Konrad Lorenz in Buldern

Von der Kieme zur Lunge

Unter allen Landtieren nehmen Froschlurche eine Sonderstellung ein, denn im Jugendstadium erinnern sie weder im Aussehen noch in der Lebensweise an die ausgewachsenen Tiere. Die frisch aus dem Ei geschlüpften Kaulquappen besitzen einen kräftigen Ruderschwanz und atmen durch Kiemen. Erst allmählich wird aus dem fischähnlichen Wasserbewohner ein durch Lungen atmender Landbewohner.
Von den 13 bei uns heimischen Froschlurcharten sind nur der Teichfrosch und der Seefrosch in Gewässern zu Hause. Die anderen finden sich ausschließlich zur Laichzeit am Wasser ein, um für Nachkommen zu sorgen.
Bei Prof. Konrad Lorenz hatte ich in seinem Nachkriegsinstitut für Verhaltensforschung in Buldern/Westfalen Gelegenheit, das Leben der Frösche eingehend kennenzulernen. Sein junger Mitarbeiter, Dr. Irenäus Eibl-Eibesfeldt, arbeitete gerade mit den Anuren, den Schwanzlosen. Für mich bot sich somit eine ideale Gelegenheit, meinen Film „Konzert am Tümpel" zu drehen.
Unser erstes Motiv war der gegen Kälte relativ unempfindliche Grasfrosch. Er kommt bereits im zeitigen Frühjahr in Hochzeitsstimmung. Oft sind sogar die Ränder der Tümpel und Teiche noch vereist, so daß man staunt, wie ein derart gegen Kälte ungeschütztes, wechselwarmes Geschöpf bei der niedrigen Temperatur so aktiv sein kann.
Frösche werden nach vier Jahren geschlechtsreif. Bis dahin haben sie sich meist weit von ihrem Laichtümpel entfernt. Dennoch finden sie, wie eingehende Untersuchungen ergeben haben, mit beginnender Geschlechtsreife zielsicher den Tümpel wieder, in dem sie aus dem Ei geschlüpft sind. Es ist sogar anzunehmen, daß sie alljährlich zu ihrem Gewässer zurückkehren. Eine erstaunliche Leistung, wie sie etwa auch bei Lachsen bekannt ist, die ihre heimatlichen Bäche und Flüsse sogar über Hunderte von Kilometern wiederfinden.
Vor allem in den Morgen- und Abendstunden beginnen die Grasfroschmännchen beim Eintreffen am Laichgewässer mit ihren Froschgesängen. Von einzelnen Fröschen angestimmt, vereinen sich die tiefen, nicht sehr lauten „Uorrr-Rufe" zu einem rollenden, auf- und abschwellenden Chor. Dabei bleibt das Maul geschlossen. Die Luft wird durch die Stimmritze aus der Lunge in die Schallblase gepreßt und durch ihre Elastizität wieder in die Lunge zurückbefördert. So kann der Frosch anhaltend quaken, ohne daß ihm die Luft ausgeht.

Bei Witwe Wilbers in der guten Stube

Während der Dreharbeiten in Buldern wohnte ich mit meiner Frau bei Witwe Wilbers. Diese verwöhnte uns mit ihren Spezialitäten, besonders mit knusprigen Bratkartoffeln und Champignons.

Die Pilze gab es in großer Zahl auf einer Wiese vor dem Haus, wo sich auch viele Grasfrösche tummelten. Wir hatten im Institut Aquarien und Terrarien aufgestellt, in denen wir verschiedene Verhaltensweisen der Anuren filmen wollten, was im Freiland nicht möglich war. So ging ich eines abends mit meiner Frau auf Froschjagd. Schon nach kurzer Zeit hatten wir eine stattliche Zahl von Grasfröschen beisammen, danach trafen wir uns mit Freunden im Gasthaus. Wir kamen müde und spät nach Hause, so daß ich den Sack mit den Fröschen unachtsam in die gute Stube stellte. Nie werde ich den Angstschrei vergessen, mit dem uns Witwe Wilbers am nächsten Morgen aus dem Schlaf riß. Der Sack hatte nämlich ein Loch gehabt, und die Frösche hatten sich über Nacht dekorativ in der guten Stube der Witwe verteilt. Sie saßen auf den Bildern des verblichenen Gatten, auf Gläsern, Tischen und Stühlen. Von überall starrten sie die Witwe mit ihren ausdrucksvollen Froschaugen an. Das war selbst für eine naturverbundene Bäuerin ein umwerfender Anblick.

Spektakel zum Zorn des ganzen Dorfes

Ärger bekam ich auch bei den Dreharbeiten mit Laubfröschen. Sie vollführen ihr Konzert am Tümpel von der dritten Aprilwoche bis weit in den Mai hinein. Zumeist sind die grasgrünen Freier mitten im Gewässer auf Zweigen von Weidenbüschen zu finden. An Freilandaufnahmen war nicht zu denken, denn das kilometerweit schallende „Keck-keck-keck" erfolgt nur im Schutz der Dunkelheit. Um zu den gewünschten Aufnahmen zu kommen, hatten wir ein geräumiges Aquarium eingerichtet. Wir stellten jedoch fest, daß es gar nicht so einfach war, ein paar Laubfrösche zu fangen: Es ging ja nur bei Nacht mit Taschenlampen, und bei Licht waren sie sofort wieder mucksmäuschenstill.

Endlich hatten wir einige Laubfrösche gefangen, die auch bald im Institut ihre weitschallenden Gesänge anstimmten. Doch sobald wir das Scheinwerferlicht, das ich für diese Filmaufnahmen brauchte, einschalteten, war es wieder still.

Ein Froschspezialist hatte mir aber verraten, daß man Laubfrösche durch den Krach eines großen Schlüsselbundes zum Rufen anregen kann. Das taten wir Abend für Abend, oft sogar bis spät in die Nacht hinein, mit wechselndem Erfolg. Dabei brachten wir zusätzlich die Tonaufnahmen von den Fröschen zu Gehör, die wir im Freiland aufgenommen hatten.

Allerdings weckten wir mit unserem Krach den Ärger, ja Zorn der Landbevölkerung, die wir mit unserem Spektakel bei der Nachtruhe störten.

Dann ging die Laichzeit zu Ende, und ich hatte immer noch nicht die gewünschten Aufnahmen. Die Lieder der Laubfrösche drohten ganz zu verstummen, und ich ging in meiner Verzweiflung aufs Ganze: Ich inszenierte ein wahrhaft diabolisches Konzert. Während das Tonband lief, einer meiner Mitarbeiter mit dem Schlüsselbund rasselte und wir alle zusammen „Keck-keck-keck" riefen, sägte ich mit einer Fuchsschwanzsäge auf einer Glasscheibe. Die Wirkung war so durchdringend, daß selbst die Laubfrösche beeindruckt waren. Sie quakten aus prallen Schallblasen, und so gelangen endlich die schönsten Aufnahmen meines Films „Konzert am Tümpel."

Ein naher Verwandter des Grasfrosches ist der Wasserfrosch – und ein ebenso gewaltiger Hüpfer wie dieser. Die Vorfahren der beiden Froscharten sind vor fast 400 Millionen Jahren dem Wasser entstiegen. Also etwa 200 Millionen Jahre, bevor die Dinosaurier entstanden.

„Nanuk am Eismeerstrand“

Unterwegs im Reich der Polarbären

Auf Hundeschlitten durch eisige Kälte

In meiner Schulzeit hatte ich mich in die arktischen Vögel verliebt, die im Herbst in großer Artenzahl auf ihrem Zug zu den südlichen Überwinterungsgebieten in meinem Beobachtungsgebiet am Frischen Haff vor den Toren von Königsberg rasteten: die schnepfenartigen Wiesenvögel, die nordischen Enten und Wildgänse, Seetaucher und Singschwäne. Wie gern wollte ich sie alle einmal in ihrer arktischen Heimat im Licht der Mitternachtssonne, im Reich der Polarbären, erleben.

Die Gelegenheit kam im Verlauf einer Fernsehproduktion, die mich von den Mangrovendschungeln Floridas durch die Wildbahnen Nordamerikas bis zum Polarkreis führte. Mein Reiseziel war East Bay am Nordoststrand der Eskimoinsel Southampton im Norden der Hudson Bay. Wir starteten mit dem Hundeschlitten von einem kleinen Feldflughafen aus, begleitet von den beiden Eskimos Leo Audlanat und Peter Kooshook, die als die besten Jäger der Umgebung galten. Außerdem sprachen sie etwas englisch. Nachdem wir uns in dem kleinen Laden der Hudson Bay Company ausreichend mit Proviant eingedeckt hatten, starteten wir am darauffolgenden Morgen. Leo und Peter hatten zwei besonders lange Schlitten ausgewählt, auf denen wir außer unserem Proviant auch unsere umfangreiche Ausrüstung unterbringen konnten. Die kräftigen, genügsamen Huskies ziehen einen beladenen Schlitten bis zu 100 Kilometer am Tag. Nach zehnstündiger Fahrt in naßkaltem Fahrtwind waren wir endlich am Ziel.

Vogelkonzert bei Nacht

Nach einer kräftigen Mahlzeit in unserem Rundzelt aus dichtem Leinenstoff legten wir die Karibufelle auf den Dauerfrostboden. Mir fielen in dem molligen Eiderdaunenschlafsack sofort die Augen zu, doch meine Ohren blieben wach. Zum ersten Mal erlebte ich das melodische Stimmengewirr eines Frühsommers in einem Vogelparadies der Tundra. Um drei Uhr stieg ich über meine tief schlafenden Gefährten und trat ins Freie. Moosgrün leuchtete die abgetaute Erde im grellen Sonnenlicht, tiefblau das Netz der Tümpel. In der Ferne sah ich einen Pfeifschwan auf seinem mächtigen Bodenhorst sowie zahllose Schnee-, Ringel- und Blaugänse in einer ausgedehnten Nistkolonie. Mit meinem Fernglas zog ich auf Entdeckung. Nur 20 Meter entfernt setzte sich ein Polarfuchs auf seine Keulen und schaute mir zu. Gleich beim ersten Teich sah ich kleine Thorhühnchen, die stargroßen Watvögel, die sich mit ihren gelappten Paddelfüßchen überraschend schnell auf der Wasseroberfläche drehen und Nahrungstierchen hochstrudeln.

Höhepunkt meiner Exkursion war jedoch die Begegnung mit einem Schnee-Eulenpaar, das mich an seinem Nest mit bellenden Warnrufen umflog. Die uhugroßen Eulen, die in ihrer arktischen Heimat Tag und Nacht aktiv sind, boten einen zauberhaften Anblick. Solisten in dem vielstimmigen Vogelkonzert waren die Seetaucher. Zur Balzzeit hört man ihre Stimmen mit einem reichen Repertoire an tremolierenden, trompetenden und klagenden Rufen kilometerweit.

Auf den Spuren einer Bärenmutter und ihrer Jungen

Für die Filmaufnahmen in East Bay hatten wir 20 Tage angesetzt. Obwohl Schnee- und Hagelschauer die Arbeit immer wieder behinderten, kamen wir schnell voran, denn bei gutem Wetter hatten wir mehr als 20 Stunden ausreichendes Licht.

Wir mußten pünktlich in Coral Harbour sein, denn Tom Kooshooak, ein erfahrener Jäger und Fallensteller, hatte uns versprochen, uns Mitte Juli, nach dem Schwinden des Eises, mit seinem seetüchtigen Schiff zu den Polarbären zu führen.

Am 14. Juli verließen wir den Hafen von Southampton Island. Peter und Leo waren wieder mit von der Partie. Unser Ziel war die etwa 300 Kilometer entfernte Mündung des Boas Rivers. Es war vier Uhr früh, als Tom meine Schulter rüttelte und „Nanuk" rief. Ich stürmte an Deck und sah eine Bärenmutter mit ihren zwei Jungen am Strand entlangwandern. Für den Fall einer solchen Begegnung hatte ich längst einen Plan. Ich wollte mit dem Beiboot an Land, um den Bären einen ganzen Tag lang zu folgen. Aber Tom hielt mein Vorhaben für zu gefährlich. Nach seinen langen Erfahrungen als Jäger würde mich die Bärenmutter angreifen. Schließlich gelang es mir, ihn unter der Voraussetzung umzustimmen, daß uns Peter, der beste Schütze in Southhampton, mit seiner Waffe begleitete.

Da der Strand bereits frei von Eisschollen war, konnten wir ohne Schwierigkeiten anlanden. Mit höchster Spannung folgten Peter, mein bewährter Mitarbeiter Georg Theilacker und ich der am Strand wandernden Polarbärin. Zu meiner großen Überraschung zeigten sich die Bären von unserer Nähe überhaupt nicht beeindruckt. Peter meinte, daß sie wahrscheinlich in dieser entlegenen Wildnis noch nie Zweibeiner angetroffen und so auch keine schlechten Erfahrungen mit ihnen gemacht hätten. Etwa zwei Stunden folgten wir der Bärenfamilie im Abstand von etwa 100 Metern. Mir schmerzte langsam die Schulter vom Tragen der Filmausrüstung, doch dann machte die Bärin endlich halt. Sie legte sich am Strand nieder und begann, ihre beiden Jungen zu säugen.

Mit der schußbereiten Kamera pirschte ich immer näher. Meinen Gefährten gab ich ein Zeichen, zurückzubleiben. Die Bärin fühlte sich von meinem Näherkommen nicht bedroht, und es glückten mir seltene Aufnahmen. Die Jungen rauften miteinander, gaben sich Ohrfeigen, kletterten auf den Rücken der langausgestreckten Mutter, rollten den Hang hinab und krochen wieder hinauf. Als sie müde wurden, schmiegten sie sich dicht an die Mutter und schliefen ein. Glücklich über das bisher Erlebte, winkte ich meine Gefährten heran, wir waren jetzt rund 50 Meter von der schlafenden Bärenfamilie entfernt und ruhten uns ebenfalls aus.

Doch dann drängte es mich zu neuen Taten. Wieder schulterte ich meine Kamera und wagte mich bis auf 40 Schritt an Frau Nanuk heran. Auch jetzt war sie von meiner Nähe nicht sonderlich beeindruckt. Als sie sich nach einem kurzen Blick wieder neben ihren Jungen ausstreckte, wurde es mir zu langweilig: Ich hob einen Kieselstein auf und warf ihn seitlich auf den Strand. Sofort war die Bärenmutter auf den Läufen. Von ihren Kindern gefolgt, kam sie genau auf mich zu. Zunächst war ich von dem Herannahen der Familie fasziniert. Der kraftvolle, wiegende Schritt der Mutter und die kindlich tapsigen Bewegungen der Jungen waren für meine Kamera ein Geschenk des Himmels. Doch als sie nur noch 30 Schritt entfernt waren, sah ich plötzlich, daß die Bärin die Lefzen hob und ihren Gang unwirsch brummend beschleunigte. Ich schaltete die Kamera ab und eilte, so schnell ich konnte, rückwärts. Dabei sah ich, daß Peter sein Gewehr hob und die Bärin anvisierte. „Don´t shoot", nicht schießen, rief ich ihm zu, „schreien und in die Luft springen." Ich machte es vor, Peter und Georg folgten meinem Beispiel, und die Bärin war von unserem Spektakel beeindruckt. Durch unser Imponiergehabe erschreckt – wir bemühten uns, größer und gefährlicher zu erscheinen – eilte die Bärin zu ihren Jungen zurück, und zügig setzte die Familie ihre Wanderung am Eismeerstrand fort.

Kuscheln in Mutters schützenden Pranken ist wunderschön. Junge Eisbären wachsen schneller als ihre braunen Brüder auf dem Land. Schon nach vier Wochen wächst ein wärmender Pelz, scharfe Krallen und ein Paar nadelspitzer Eckzähne.

Zwischen Pinguinen und See-Elefanten

Südgeorgien, ein bezauberndes Tierparadies

Würdevolles Treffen auf der Südhalbkugel

Alle 16 Pinguinarten tragen einen maßgeschneiderten Frack mit blütenweißer Weste. Umwerfend komisch ist ihr würdevolles Einherschreiten. Ihre steile Haltung stammt von den weit hinten am Körper sitzenden Beinen. Pinguine sind mit ihren zu Flossen umgewandelten Schwingen unter Wasser so geschwind, daß ihre Feinde, der Seeleopard oder der Schwertwal, Mühe haben, sie zu ergreifen. Auf der Flucht springen sie wie Delphine, weite Strecken können sie außerhalb der Reichweite von Beutegreifern durch die Luft eilen. Hinreißend auch ihre akrobatischen Landungen an den stürmischen Küsten, wenn sie aus dem Schwung der Wellen viele Meter an Land springen.

Pinguine gibt es nur auf der südlichen Halbkugel der Erde. Dort bewohnen sie die trostlosen Wasserwüsten zwischen Kap Horn, dem Kap der guten Hoffnung, Neuseeland und dem arktischen Packeis.
Doch es gibt einige Ausnahmen. Erstaunt war ich, Pinguine auf dem Galapagos-Archipel als Brutvögel anzutreffen. Wie so viele andere Tierarten sind sie mit dem Humboldtstrom gekommen. Der kalte Meeresstrom aus der Antarktis wird vor der Küste von Ecuador durch die Erdumdrehung nach Galapagos gelenkt. Dort fanden auch die antarktischen Gäste schattige Lavahöhlen zum Nisten und im kühlen Meer reichlich Nahrung.

Ungewöhnlich auch das Zuhause der Hoiho, der Gelbaugen-Pinguine auf Neuseelands Südinsel. Sie nisten in den küstennahen Urwäldern. Diese Außenseiter führen zwar eine lebenslange Ehe, vermeiden beim Nisten aber die Nähe von Artgenossen, während die arktischen Vettern in Kolonien von oft Zehntausenden Vögeln brüten.

Ein lang ersehnter Traum geht in Erfüllung.

Lange war es mein Wunsch, die Tierwelt der Antarktis kennenzulernen. Die Ausrüstung einer Filmexpedition an das südliche Ende der Welt ist mit hohen Kosten verbunden. Das Schiff muß gepanzert sein, damit es in der stürmischen See und im Eis nicht zerbricht. Die Fahrt geht durch die stürmischsten Zonen der Erde, durch die Roaring Fourties, die „Brüllenden Vierziger“ und die Wild Fifties, die „Wilden Fünfziger“, und es ist damit zu rechnen, daß sich die Dreharbeiten monatelang hinziehen, weil Schneefälle und langanhaltender Nebel die Aufnahmen immer wieder behindern.
1988 kam mir die Hamburger „Hanseatic Tours“ zu Hilfe. Ich wurde zu einer dreiwöchigen Reise auf das Spezialschiff „World Discoverer“ zu den wohl attraktivsten Tierparadiesen der Antarktis eingeladen. Die Reise ging von Punta Arenas im Süden Chiles, vorbei an Kap Horn über die Dra-

ke Passage zur antarktischen Halbinsel. Von dort durch den landschaftlich besonders reizvollen Lemaire-Kanal zu den Vogelparadiesen von Deception, Nelson und Elephant-Island bis Südgeorgien, einer menschenfernen Insel am Rand der Antarktis, eines der faszinierendsten Tierparadiese der Erde. Dort gibt es sechs Arten von Pinguinen. Am eindrucksvollsten sind die riesigen Kolonien der besonders hübschen Königspinguine. Das Weibchen legt nur ein Ei, das das Männchen zum Brüten übernimmt. 61 bis 64 Tage lang ist der arme Pinguinmann in der dichtbesetzten Kolonie regungslos an einen winzigen Platz gebunden. Von allen Seiten drohen die Schnäbel der Nachbarn, die „Hackdistanz" einzuhalten. Während der Brutzeit verliert der Vogel bis zu zwölf Kilo, ein Drittel seines Körpergewichtes. Erst nach dem Schlüpfen des Jungen kommt das Weibchen zur Fütterung. Dann kann das Männchen endlich ins Meer, um den Gewichtsverlust wieder aufzuholen und Nahrung herbeizuschaffen.
Interessant sind auch die Adelie-Pinguine. Sie gehören zur Gattung der „Besenschwänze", denn alle tragen lange Schwanzfedern, die wie ein Besen hinten abstehen. Adelies nisten im Bereich des Südpols in über hundert Kolonien, von denen sich einige aus Millionen von Paaren zusammensetzen. Auch der Eselspinguin gehört zu den „Besenschwänzen". Den Namen hat er von seinen Rufen, die wie „i-ah" klingen. Von den nah verwandten Zügel-Pinguinen hätte ich einmal beinahe Prügel bekommen. Beim Filmen war ich den nistenden, vollkommen zutraulichen Vögeln fast auf Tuchfühlung nahgekommen, da griffen sie mich mit „Handkantenschlägen" gegen mein Schienbein an. Ihre Flügelkanten sind härter als die Handkante eines Karatemeisters.

Für einen Weltnaturpark Antarktika

Nachdem der berühmte englische Seefahrer James Cook über die Massen von Pelzrobben berichtet hatte, die er „auf diesem verdammten weltvergessenen Stück Erde" gesehen hatte, kamen bis ins letzte Jahrhundert mehr und mehr Robbenschläger und Händler nach Süd-Georgien. Bis 1880 wurden dort zehn Millionen Pelzrobben erschlagen, bis sie fast ausgerottet waren.
Die nächsten Opfer waren die See-Elefanten, aus deren Körper Öl gekocht wurde. Zehntausende von Königspinguinen wurden, man kann es kaum glauben, als Brennmaterial verwandt. Doch bis zum Ende des Jahrhunderts war auch diese Geldquelle fast versiegt. Nun erreichte die Zeit der Walfänger ihren Höhepunkt. 1904 wurde Grytviken, die erste Walfängerstation auf Süd Georgien, gegründet. Auch dieses grausame Geschäft betrieb man so lange, bis die Tiere fast ausgerottet waren und sich die Unterhaltung der entlegenen Station kaum noch lohnte.
Allein der bis zu 33 Meter große Blauwal, das größte Säugetier, daß je auf Erden gelebt hat, wurde von rund 20.000 auf gerade noch 5.000 Tiere reduziert.
Es ist wie ein Wunder, daß trotz der Massenvernichtung in Millionenhöhe alle Arten, die es zu Cooks Zeiten gab, bis heute überlebt haben. Ein überzeugender Beweis, daß Geschöpfe, die wir aus Habgier an den Rand der Ausrottung gebracht haben, der Nachwelt erhalten werden können, solange es noch ausreichend große intakte Lebensräume gibt. Doch gerade der Lebensraum Antarktis bereitet uns heute Sorgen, weil wir erkannt haben, daß das Leben in kalten Gewässern durch Beeinträchtigungen wie Öl und andere Schadstoffe weit langsamer regeneriert, wenn überhaupt, als das Leben in warmen Meeren. Deshalb kämpfen heute viele große Naturschutzorganisationen gemeinsam um einen Weltnaturpark Antarktika mit umfassenden und weitreichenden Schutzmaßnahmen.

Mit sechs Wochen verlassen die Pinguin-Kinder die Bruttasche der Eltern und besuchen einen sogenannten Kindergarten, der von den Leibern der Altvögel schützend umgeben wird.

Im Dorf der weißen Störche

Adebar darf nicht sterben

Mythos Weißstorch

In meiner ostpreußischen Heimat gehörte Freund Adebar, der weiße Storch, zu den Charaktervögeln. Welch ein Ereignis, wenn die großen Vögel im April aus ihren afrikanischen Winterquartieren zurückkehrten und die stattlichen Nester auf den Hausdächern unserer Dörfer wieder besetzten.
Zunächst treffen die Männchen ein und beginnen eifrig, die von Wind und Wetter zerzausten Horste wieder in Ordnung zu bringen. Etwa zwei Wochen später treffen die Weibchen ein und werden mit lautem Schnabelgeklapper und aufgeregten Flügelschlägen zum Nisten eingeladen.
Der „Klapperstorch" ist ein echter Kulturfolger. Im Gegensatz zu seinem Vetter, dem Wald- oder Schwarzstorch, hat er sich dem Menschen angeschlossen, was ihm einst vielerlei Vorteile brachte. Auf den Dächern war er mit seinen Jungen vor Nachstellungen sicher, und solange Pflug und Mähmaschine von Pferden gezogen wurden, verhalf der Bauer ihm zu reichlicher und abwechslungsvoller Kost.
Dafür schützte Freund Adebar angeblich Haus und Hof vor Blitz und Feuer, sollte Glück und sogar die Kinder bringen. Letzeres allerdings mochte ich schon als kleiner Junge nicht glauben, nachdem ich im Königsberger Zoo den Pelikan kennengelernt hatte. Es stand für mich fest, daß der liebe Gott, wenn er schon einen Vogel beauftragt hätte, die Kinder zu bringen, den Pelikan gewählt hätte, weil dieser am Unterschnabel mit seinem großen Kehlsack eine ideale Wiege hat.

Monate im Storchendorf

Anfang der fünfziger Jahre drehte ich, kurz nach der Erfindung des Farbfilms, den Unterrichtsfilm „Im Dorf der weißen Störche". In dem kleinen Dorf Bergenhusen, inmitten eines weiten Feuchtgebietes zwischen Eider, Treene und Sorge in Schleswig-Holstein, gab es damals 36 besetzte Storchennester. Auf einem Dachboden baute ich mir einen bequemen Ansitz, den ich unbemerkt betreten konnte. Das Haus, das ich wählte, hatte ein Ziegeldach und überragte die anderen, meist strohgedeckten Dächer des Dorfes. Von hier aus war es möglich, das Familienleben gleich in drei Storchennestern zu verfolgen. Ich lebte von April bis zu ihrem Fortzug im August unter den Störchen und konnte so mit meiner Kamera ihre wichtigsten Verhaltensweisen dokumentieren.

Dramatischer Kampf um einen Horst

Zumeist gehen Brautwerbung und die Inbesitznahme der Nester friedlich vonstatten. Erst am Ende der Paarungszeit, wenn einige Freier keine Partnerin gefunden haben, kommt es zu Streitigkeiten. Ein Horst, auf dem ein Weibchen allein ist, bedeutet für einen vereinsamten Junggesellen eine große Versuchung: Wie gern möchte er Frau und Horst in Be-

sitz nehmen... Doch dies gelingt nur in den seltensten Fällen. Ist eine Storchenfrau verheiratet, hält sie ihrem Partner die Treue.
Mir wurde bei meinem tagelangen Ansitzen im Storchendorf eine geradezu dramatische Auseinandersetzung um den Besitz einer offenbar besonders günstigen Behausung geboten. Ein Storchenpaar hatte es sich in den Kopf gesetzt, diesen längst besetzten Horst zu erobern.
Bei dem Angriff waren jedoch beide Horsteigentümer zur Stelle und empfingen die Eindringlinge mit Schnabelattacken. Dabei wurde das Weibchen vom Nest gedrückt. Die Männchen kämpften allein weiter. Schließlich mußte sogar der Nesteigentümer weichen. Die Männchen setzten ihren Kampf in der Luft fort, während sich nun die beiden Storchenfrauen ein heftiges Schnabelduell lieferten. Schließlich kämpften alle vier Störche um den Besitz des Horstes. Dabei verursachten die kräftigen Lanzenstöße so heftige Wunden, daß ich durch den Sucher meiner Kamera blutige Flecken auf dem weißen Gefieder entdeckte. Erst nach fast einer halben Stunde heftiger Auseinandersetzungen hatten es die Horsteigentümer geschafft, die Eindringlinge zu vertreiben.

Erhaltung der Lebensräume als Chance für den Storch

Kein anderer Vogel zeigt uns so deutlich wie der Storch, wie sehr die Erhaltung bedrohter Arten davon abhängt, daß wir ihnen ausreichend große intakte Lebensräume schaffen.

1934 wurde eine internationale Storchenzählung durchgeführt. Dabei wurden in Deutschland 30.730 Brutpaare gezählt, 16.603 Paare allein in Ostpreußen. Dagegen ist heute der Bestand in ganz Deutschland auf 3.399 Brutpaare zurückgegangen.
Zum Glück kümmern sich unsere großen Naturschutzverbände wie der Naturschutzbund Deutschland, die Umweltstiftung WWF, der Bund für Umwelt und Naturschutz Deutschland und The Stork Foundation nach Kräften darum, Freund Adebar das Überleben zu sichern. Dies geschieht nicht allein durch die Erhaltung und Vermehrung von Feuchtgebieten, den Schutz vor Verdrahtung der Landschaft und das Anbieten von Kunsthorsten. Zu den Schutzmaßnahmen gehört auch das Einrichten von sicheren Rast- und Nahrungsplätzen auf der weiten Wanderung nach Afrika.
Diese Lobby für den Storch benötigt die tatkräftige Unterstützung von uns allen.

Ein selten gewordenes Bild: Fünf Junge in einem Nest. Wo Sümpfe und feuchte Wiesen monotonen Kulturlandschaften weichen müssen, ist die Fortpflanzung des Baby-Bringers gefährdet. Ein junger Weißstorch, bestenfalls zwei, werden immer mehr zur Regel!

Mehr Ordnung im faszinierenden Tierreich der Alpen

Wo Steinbock, Bartgeier und Murmeltier eine bedrohte Heimat haben

Für die Nachwelt erhalten

Meine erste Begegnung mit dem König der Hochalpen hatte ich im italienischen Nationalpark Grand Paradiso. Einst waren Steinböcke über die Alpen weit verbreitet. In dieser herrlichen Hochgebirgslandschaft hatte um 1900 ein Restbestand von etwa 50 Tieren überlebt, die zum Privatbesitz des italienischen Königs gehörten und unter strengen Schutz gestellt wurden.

Von hier aus konnte der Steinbock in einigen Alpengebieten wieder erfolgreich ausgesetzt werden, da sein Lebensraum, das Kahlgebirge, aufgrund seiner schwer zugänglichen Hochlagen nicht als menschliche Siedlungsfläche taugte. Heute gibt es wieder an die 25.000 Steinböcke in verschiedenen Alpenländern.

Hervorragende Erfolge bei der Wiederansiedlung von Bartgeiern

Mit dem Aussetzen allein ist es allerdings nicht getan. Die wichtigste Voraussetzung für den Schutz bedrohter Arten ist die Erhaltung ausreichend großer intakter Lebensräume. Das gilt auch für den prächtigen Bartgeier. Aberglauben und Vorurteile hatten auch ihm übel mitgespielt. Man glaubte, daß die sogenannten Lämmergeier nicht nur junge Lämmer, sondern sogar Kinder rauben würden. Das letzte Bartgeier-Paar wurde vor etwa 100 Jahren in den Alpen ausgerottet.

Sein Äußeres unterscheidet ihn von anderen Geierarten. Kopf und Hals sind nicht nackt, sondern von Federn bedeckt. Wie der Name sagt, trägt er einen schwarzen Kinnbart. Der World Wide Fund for Nature (WWF), die Frankfurter Zoologische Gesellschaft und die Universität Wien starteten in den siebziger Jahren ein beispielhaftes, internationales Projekt zur Wiederansiedlung der Bartgeier – ausschließlich mit Jungvögeln, die in Zoos gezüchtet worden waren.
Hervorragende Erfolge erzielte auch der Alpenzoo in Innsbruck, wo ich oft Gelegenheit hatte, die eindrucksvollen Großvögel bei der Aufzucht ihrer Jungen zu beobachten. Mittlerweile wurden über 50 junge Bartgeier aufgezogen und in geeigneten Alpenrevieren ausgesetzt. Die ersten vier Jungen konnten vom WWF im Mai 1986 freigelassen werden, fast 100 Jahre nach der Ausrottung im Alpenbereich.

Heinz Sielmann berichtet aus den Alpen

Ein Bartgeier braucht einen Lebensraum von etwa 300 Quadratkilometern, was etwa der Fläche Münchens entspricht. Im Sommer sind Bartgeier nur in den höchsten Gebirgslagen anzutreffen. Wie alle Geier jagen sie nicht selbst, sondern leben von toten Tieren. Dabei hat der Bartgeier eine ungewöhnliche Vorliebe für Knochen, die er im ganzen Stück herunterschluckt. Sind diese aber zu groß, dann passiert Erstaunliches. Der Vogel trägt die Knochen zu geeigneten Felsterrassen und läßt sie aus 50 Metern Höhe und mehr herabfallen, so daß sie zersplittern. Besonders begehrt ist das Knochenmark. Der Bartgeier holt es mit der eigens dafür geformten Zunge aus den Röhrenknochen heraus und verzehrt es als besonderen Leckerbissen.
Solche Wiedereinbürgerungen, wie am Beispiel des Bartgeiers, funktionieren aber nur dort, wo es noch ausreichend große Naturlandschaften gibt und wo wir Menschen die Refugien einer bedrohten Tierwelt respektieren.

Sind die Alpen noch zu retten?

Die Alpen sind die bedeutendste Urlaubsregion der ganzen Erde. Viele Millionen Menschen kommen jedes Jahr hierher. Freuen wir uns darüber, daß heute so viele Seilbahnen, Unterkünfte, Wanderwege und Loipen das Erlebnis der Alpen ermöglichen. Aber wir Naturschützer wollen, daß die Berge und Wälder durch den Massentourismus nicht derart beeinträchtigt werden, daß sie ihren natürlichen Charakter und ihren Reiz verlieren. Es muß endlich Schluß sein mit immer neuen Pisten und Langlaufloipen, die in die letzten Refugien der Tierwelt eindringen. Deshalb meine Bitte an alle Touristen: Beachten Sie bitte die Hinweisschilder, bleiben Sie auf den Wegen, speziell im Frühling und Frühsommer, wenn die Natur zu einer großen Kinderstube wird. Und bitte behalten Sie Ihre Hunde im Auge oder an der Leine, und denken Sie daran, daß auch ein kleiner Schoßhund in freier Natur immer wieder seine Verwandtschaft zum Wolf erkennen läßt.

Ein einziger Mountainbiker, Kletterer und Variantenfahrer kann mehr Schaden anrichten als 1.000 Normal-Touristen, die auf den Wegen bleiben.
Natürlich ist es für Tierfreunde ein großes Erlebnis, ganz nah an die Murmeltiere, diese possierlichen Kobolde der Berge, heranzukommen. Leider wird auch hier gesündigt. Die Touristen geben ihnen Schokolade, Plätzchen und Süßigkeiten. Während in jedem Zoo das Füttern der Tiere verboten ist, bedenkt man hier nicht, daß durch falsches und übermäßiges Füttern, durch „Mästen" der Murmeltiere deren Gesundheit beeinträchtigt und ihre Lebenserwartung stark vermindert wird.

Bereicherung durch die Führung in der Natur

Was wir dringend brauchen, ist mehr Ordnung in der Natur. Wir Menschen können ohne Ordnung nicht leben. Wir haben sie in unseren Städten, wir haben sie auch ausreichend in unseren Erholungslandschaften. Was uns jedoch dringend fehlt, sind mehr ausgebildete Naturschutzwarte.
Ein großes Problem für unsere Umwelt ist heute der Autoverkehr. Wir haben bereits mehr als 40 Millionen Automobile. Unsere Landschaften sind durch Straßen voll erschlossen. Wie oft passiert es, daß an schönen Frühsommertagen Hinweisschilder mit Aufschriften wie „Naturschutzgebiet", „Nicht parken", „Nicht zelten", „Nicht paddeln" oder „Nicht baden" einfach ignoriert werden. Dies führt leider dazu, daß an einem Wochenende oft das ganze Brutgeschäft einer selten gewordenen Vogelwelt erheblich gestört wird.
Naturschutzwarte sollen nicht das Naturerlebnis interessierter Touristen unterbinden. Im Gegenteil, sie sollen es den Touristen durch Informationen und Führungen näherbringen.

Obgleich die neugeborenen Jungtiere schon nach wenigen Tagen klettern können, sind sie in den ersten Wochen eine leichte Beute für große Greifvögel wie Steinadler und Gänsegeier.

Passion für einen possierlichen Nager

Quick, das Eichhörnchen

Faszination aus deutschem Märchenwald

Unser Eichhörnchen ist zweifellos eines der beliebtesten Tiere unserer Heimat. Es gehört mit Bär, Wolf, Fuchs und Reh zum deutschen Märchenwald. Neugierig blickt es uns aus seinen großen dunklen Augen an.

Die aufgestellten Ohren werden beim Alttier durch spitze Haarbüschel verlängert, die den possierlichen Eindruck noch verstärken. Das Auffälligste an der ganzen Erscheinung ist jedoch der lange, buschige Schwanz, der beim Sitzen s-förmig auf den Rücken gelegt wird. Mit Sicherheit wäre das Eichhörnchen weniger populär, wenn es diesen prächtigen Schwanz nicht besäße. Schon die Griechen prägten den heute von der Wissenschaft übernommenen Namen Sciurus, „der sich mit dem Schwanz Beschattende".

Ein weiteres anziehendes Merkmal ist das stets etwas glänzende Haarkleid, dessen Farbe nicht nur rassenweise, sondern sogar individuell variiert. Während in den meisten Teilen Deutschlands ein leuchtendes Rostrot vorherrscht und schwarzbraune Tiere meist in der Minderzahl sind, kommen diese im Gebirge überwiegend vor. Nach Norden und Osten zu werden die flinken Nager immer grauer, bis sie schließlich den wundervollen dunkelgrauen Ton des sibirischen Fehs erreichen.

Fangversuch mit akrobatischen Leistungen

Auf mich übten die possierlichen Kobolde von kleinauf einen besonderen Reiz aus. Bereits als Schulbub wünschte ich mir von Herzen ein zahmes Eichhörnchen. Unvergeßlich bleibt mir der Tag, an dem ich versuchte, im Freiland ein Eichhörnchen einzufangen.

Die Gelegenheit erschien günstig, als ich den Kletterkünstler auf den niedrigen Apfelbäumen eines Feldweges entdeckte. Das Eichhörnchen hatte sich einen Apfel gepflückt und war dabei, ihn in Ruhe zu verspeisen. Sobald ich aber von meinem Fahrrad stieg und näherkam, fiel der Apfel achtlos zu Boden, und mein kleiner Freund zeigte mir die ganze Perfektion seiner Kletter- und Flugtechnik.

Eine Möglichkeit, das Eichhörnchen zu fangen, sah ich nur bei den niedrigen und mehrere Meter auseinanderstehenden Obstbäumen, doch ich hatte die Geschicklichkeit dieses „Äffchens unserer Wälder" gehörig unterschätzt.

An Stamm und Zweigen ging es in hurtigen Spiralen rauf und runter. Gerade bei seinen Sprüngen zeigt das Eichhörnchen die bewundernswertesten Leistungen. Die besonders kräftige Muskulatur der Hinterbeine sorgt für einen kräftigen Absprung. Der langwehende Schwanz dient nicht nur als Balancier- und Steuerorgan, sondern vergrößert außerdem die flugmechanisch wirksame Tragfläche des durch die Luft schnellenden Körpers. Sicher ergreifen die vorgestreckten Ärmchen den zur Landung ausersehenen Ast des Nachbarbaumes. Scheinbar spielend und schwerelos werden selbst beachtliche Entfernungen von Baum zu Baum überwunden.

Aber meine Passion war zu groß, um aufzugeben. Es passierte, was ich erhofft hatte: Irgendwann hatte „Fahnenschwanz" sich verrechnet und fiel ins Gras. Mit einem mächtigen Satz sprang ich voran und bekam den muskulösen Nager zu fassen. Allerdings biß mich das Eichhörnchen so kraftvoll in die Hand, daß ich es mit einem lauten Schmerzensschrei wieder laufen ließ. So war es mit meinem jugendlichen Ehrgeiz, ein Eichhörnchen für meine Beobachtungen zu halten, zunächst einmal vorbei.

„Under controlled conditions" erhielt ich Einblick in das Leben des Eichhörnchens

Mit Beginn meiner Tätigkeit als Tierfilmer hatte ich den Wunsch, das interessante Leben des Eichhörnchens im Film zu dokumentieren. Normalerweise ist dies nicht möglich, denn die meisten Verhaltensweisen vollziehen sich vor unseren Augen versteckt im Schatten der Wipfel.

Wie sollte ich die Kinderstube im geschlossenen Reisignest, die putzigen Jugendspiele und die Bedrohung durch Feinde wie Habicht und Baummarder filmen? Da bot mir Dr. Harry Frank, der Leiter der Forschungsstelle für Jagdkunde in Bonn, die Gelegenheit. In seiner Dienststelle, dem berühmten Alexander König-Museum, wurden im Garten in einer Voliere die Verhaltensweisen des Eichhörnchens erforscht.

Dr. Frank war zuversichtlich, daß die Eichhörnchen in wenigen Wochen Nachwuchs bekämen.

Die Voliere war zu klein, um ergiebige Bewegungsabläufe filmen zu können. So bauten wir um eine Fichte ein stattliches Gehege, in das die Eichhörnchenmutter mit ihren Jungen zu gegebener Zeit umquartiert werden sollte. Vorher konnten wir in die Kinderstube schauen. Diese befand sich in einem Nistkasten, dem eine Glasscheibe als Rückwand diente.

Es war Konrad Lorenz, der uns bewies, daß Tiere ein angeborenes Verhalten besitzen, welches sie auch entfalten, wenn wir sie möglichst von kleinauf pflegen und ihnen einen ihren Verhaltensmustern angemessenen Lebensraum bieten.

Die 1951 von mir „under controlled conditions" gedrehten Aufnahmen dienten nicht allein einem Film für den Biologieunterricht in Schulen, sondern auch einem Hochschul-Unterrichtsfilm. Darüber hinaus erhielt ich für den Film „Quick, das Eichhörnchen" meinen ersten Bundesfilmpreis.

Was dem Eichhörnchen an Intelligenz und sozialem Rückhalt fehlt, muß es durch Flinkheit und Fleiß wettmachen. Deshalb exponiert sich der kleine Nußknacker zwangsläufig den Beutegreifern. Seine Feinde sind vor allem Habicht und Baummarder.

Immer ein Lied auf den Lippen

Bei den Bären am McNeal River

Ein böser Traum wird mir beinahe zum Verhängnis

Bären sind überaus kraftvolle, aber zumeist friedfertige Tiere. Man darf sie nur nicht provozieren oder in die Enge treiben. Deshalb hatten wir immer ein Lied auf den Lippen, als wir 1967 im Norden von Alaska die Bären am McNeal River filmten. Unser Standlager war nämlich einige Kilometer von der Stelle entfernt, wo die Bären an einer Verengung des Flusses besonders günstige Gelegenheiten hatten, die jetzt in Scharen zum Laichen heranziehenden Lachse zu fangen. Die Gegend dort war buschreiche Tundra und recht unübersichtlich. Wenn wir unsere schwere Ausrüstung frühmorgens zum Fluß schleppten, stimmten Dick Zinsman, ein mich begleitender Angestellter des Veterinärinstituts von Anchorage und ich möglichst lautstark das Lied „Im schönen Westerwald" an.

So warnten wir frühzeitig Bärenmütter, die mit ihren Jungen unterwegs waren. Wären wir unbemerkt an eine Bärin herangetreten, die ihre Kleinkinder säugt, so hätte das böse Folgen haben können. Dank unseres „Warnliedes", konnten wir mehrmals beobachten, wie sich einer der Bären aufrichtete und rechtzeitig davontrollte. Bei dieser Vorsichtsmaßnahme blieben wir von Angriffen verschont – und dennoch wären mir die Bären auf dieser Expedition beinahe indirekt zum Verhängnis geworden.

Am ersten Abend unseres Beisammenseins in arktischer Wildnis begossen Dick Zinsman und ich unsere Freundschaft mit Whiskey.
Als wir uns erst nach Mitternacht in das gemeinsame Zelt begaben, schlief ich sofort ein. Ein unnatürliches Sägen in einer Höllen-Lautstärke hatte mich aber bald wieder geweckt. Dick schnarchte, wie ich es noch nie in meinem Leben gehört hatte. Ich rüttelte an seinen breiten Schultern, um ihn zu wecken, aber zunächst ohne

Wirkung. Doch plötzlich sprang der Riesenkerl auf, packte meine Kehle und drückte fest zu. Eine panische Angst ergriff mich. Zu meinem großen Glück wachte Dick gerade noch rechtzeitig auf, entsetzt ließ er von mir ab und entschuldigte sich erschreckt, während ich keuchend am Boden lag. Dick hatte geträumt, daß ein Bär in das Zelt eingedrungen sei. Er habe sich nur verteidigen wollen. Dick mußte sich in sicherer Entfernung ein Extrazelt aufbauen, und ich hörte ihn für den Rest der Expedition nur noch aus der Ferne sägen.

Ein neugieriger Besucher

Einige Tage später erlebten wir eine Überraschung. Als wir gegen Abend von unseren Filmaufnahmen zurückkamen, stellten wir fest, daß in unserer Abwesenheit ein Bär in Dicks Zelt eingedrungen war. Wir sahen noch die Spuren der krallenbewehrten Tatzen. Mit einem Schlag mußte er sich Eingang verschafft haben, um das Inventar des Zeltes zu inspizieren. Zu unserem Erstaunen hatte er aber nur Dicks Toilettenbeutel untersucht und den Inhalt seiner großen Zahnpastatube bis auf einen Rest verdrückt. Der aparte Duft und der milde Geschmack hatten ihm scheinbar besonders zugesagt.

Während der Filmaufnahmen am McNeal River erlebten wir unvergeßliche Momente: wie die verwöhnten Bären mit einem kräftigen Biß die Lachse fingen, wie sie, am Ende der Laichzeit völlig verwöhnt, schließlich nur noch den

leckeren Rogen aussaugten oder wie die tapsigen Jungen sich am Wasser vergnügten.

Meister Petz kehrt in unsere Heimat zurück.

Solche Eindrücke, wie sie mir am McNeal River vergönnt waren, gibt es in unserer Heimat nicht mehr. Lange ist es her, daß Meister Petz zum deutschen Märchenwald gehörte. 1770 verschwand der letzte Bär aus den Allgäuer Alpen, 1815 aus dem Garmischen Raum, und 1835 wurde der allerletzte Bär Deutschlands bei Ruhpolding erschossen.

Doch in den letzten Jahren kommt wieder Hoffnung auf: Wildbiologen und Jäger registrieren, daß immer mehr Luchse, Wölfe und Bären von Osten her in ihre angestammte Heimat wechseln. Erfreulicherweise haben die Umweltstiftung WWF-Österreich und die Jagdverbände eine „Bärenversicherung" abgeschlossen, die in großzügiger Weise entstandene Schäden ersetzt. 1944 wurden in Niederösterreich 40.000 DM an Entschädigungen gezahlt. Nicht für gerissene Schafe oder Kühe, sondern für zerstörte Bienenkörbe, auf die die Leckermäuler besonders scharf sind.

In Österreich haben sich bereits 20 bis 25 Braunbären angesiedelt, denn in den vergangenen Jahrzehnten haben immer mehr Almbauern ihre Arbeit in entlegenen Hochtälern aufgegeben. Sind die Almen verlassen, schafft die Natur bald wieder Lebensräume für Wildtiere, auch für Bären.

Der Zuzug von Wildtieren aus Osteuropa hat auch seinen Grund in der gewandelten Einstellung: Die Menschen glauben nicht mehr, daß etwa der Wolf oder Bär den Touristen auflauert. Sondern es ist bekannt, daß die Tiere froh sind, wenn sie in entlegenen Gebieten nicht gestört werden. Auch für viele Jäger werden die heimkehrenden Beutegreifer immer mehr zu willkommenen Helfern bei der Reduzierung zu hoher Wildbestände in schwer zugänglichen Bergwaldrevieren.

Im Sommer und Herbst lebt der Grizzly in einem Schlaraffenland. An Stromschnellen warten manche Bären nur auf die aufwärtsspringenden Lachse, die, wenn sie Pech haben, genau in einem Grizzly-Maul landen. Sportlichere Bären ergattern sich ihre wohlschmeckende Beute mit einem Hechtsprung.

Die sanften Riesen dürfen nicht sterben

Inferno bei meiner ersten Begegnung mit dem Berggorilla

Von „Kongorilla" zum ersten Dokumentarfilm

Kongorilla hieß der erste Film, den Amerikaner vor vielen Jahren – noch in schwarzweiß – im Kongo-Urwald drehten. Kein Film über das Privatleben der mächtigen Tiere, sondern über Fangaktionen an Gorillakindern, die damals hoch im Kurs standen. Die internationale Zoodirektorenkonferenz untersagte schließlich den Handel mit Menschenaffen, die aus dem Freiland stammen. Nach „Kongorilla" kamen die King-Kong-Filme, die in disqualifizierender Weise aus dem eindrucksvollen Riesen einen frauenraubenden Unhold machten.

Es war 1957, als ich vom Belgischen Königshaus beauftragt wurde, im Hinblick auf die bevorstehende Weltausstellung in Brüssel einen Dokumentarfilm über die Tierwelt in Belgisch Kongo zu drehen. Dabei war eines der Hauptanliegen, erstmalig Einblicke in das Privatleben der Berggorillas zu bekommen.

Erschwert wurde das Unternehmen durch die Tatsache, daß das Königshaus wünschte, den Film in dem damals neuen Cinemaskope-Verfahren zu drehen. Dieses Verfahren versprach auf der Leinwand ein besonders eindrucksvolles Raumerlebnis, ermöglichte jedoch nur die Verwendung von Objektiven mit kurzer Brennweite, so daß wir bei unseren Aufnahmen sehr nahe an die Tieren heran mußten. Hinzu kamen die geringen Lichtverhältnisse und die eingeschränkte Sicht im Dschungel.

Unser Urwaldlager in Walikale

Bei Konrad Lorenz in seinem Institut für Verhaltensforschung hatte ich gelernt, daß Tiere ihre Verhaltensweisen in Gehegen genauso vollziehen wie in freier Natur, wenn man ihnen die notwendigen Voraussetzungen schafft. So entstand im Urwaldgebiet Walikale bei Bukavu ein Lager mit zahlreichen Gehegen, die zum Filmen von Urwaldtieren dienten. Zum Glück war in Bukavu auch das „Institut des Recherches Scientifiques pour l´Afrique Centrale" ansässig, für das damals auch gerade der berühmte Tierfänger Charles Cordier tätig war. Bald unternahm ich meine erste Erkundungsfahrt zu den Gorillas zusammen mit Cordier und Dr. Ernst Schäfer, dem wissenschaftlichen Berater meines Filmes.

Inferno im Dschungel

Unterwegs wurden wir von einer Bantu-Gruppe angehalten, die uns in höchster Erregung versicherte, Gorillas gesichtet zu haben. Die Angst stand ihnen noch im Gesicht geschrieben. Wir folgten ihrem Hinweis und kamen kurz darauf zu einer verwilderten Bananenpflanzung. Hier hatten die mächtigen Vegetarier kräftig zugeschlagen.
Dr. Schäfer wollte die Verwüstung fotografieren, doch als ich ihm spontan ein mächtiges Bananenblatt, das dunkle Schatten warf, abschlug, störte ich den Mittagsschlaf der in unmittelbarer Nähe rastenden Gorillafamilie. Ein Inferno brach los. Während die Gorillafrauen mit ihren Kindern das Weite suchten, kam der Boss der Herde, ein riesiger Silberrückenmann, hoch aufgerichtet, auf uns zugerast – mit einem ohrenbetäubenden Gebrüll und furchterregendem Gebiß. Mit seinen riesigen Fäusten trommelte er auf seine breite Brust. Wir machten kehrt und rannten, so schnell wir konnten, zu unserem Jeep zurück. Wenn wir nach kurzer Strecke zurückgeschaut hätten, hätten wir erkannt, daß unser Verfolger keineswegs vorhatte, uns anzugreifen. Als wir in unserem Jeep wieder „zur Besinnung kamen", lachte Dr. Schäfer plötzlich herzhaft und sagte: „Na, da hat sich der König ja zwei kühne Forscher ausgesucht, um das Privatleben der Gorillas zu filmen."
Doch unsere Reaktion war ganz verständlich, denn man wußte noch nicht, daß Gorillas überaus friedvolle Geschöpfe sind, wenn man sie nicht in die Enge treibt und ihren Kindern nicht zu nahe kommt.
Wir waren davon überzeugt, daß eindrucksvolle Filmaufnahmen nur gelingen könnten, wenn wir ein großes kralartiges Gehege errichteten, in dem wir eine ganze Gorillafamilie einquartierten.
Monate später hatten wir es unter abenteuerlichen Umständen tatsächlich geschafft, mit Hilfe von Charles Cordier eine Gorillafamilie zu fangen. Beim unbemerkten Filmen durch getarnte Sehschlitze glückten uns viele neuartige Aufnahmen vom Nahrungserwerb, von der Kinderbetreuung, vom vielseitigen Sozialverhalten unter den Partnern bis zum „Bettenbau" gegen Abend bei den sich schnell eingewöhnenden Tieren.

Tourismus als Chance für die Berggorillas

1959 schätzten die Forscher George Schaller und seine Frau 450 Berggorillas in den Virungabergen. Als die mutige amerikanische Biologin Dian Fossey acht Jahre später dort ebenfalls Freundschaft mit den Berggorillas schloß, schätzte sie den Bestand nur noch auf 275 Tiere. Anfang der 70er Jahre verkleinerte Ruanda das an sich schon kleine Schutzgebiet für die Gorillas, um weitere landwirtschaftliche Flächen zu gewinnen. Außerdem wurden Gorillas verstärkt gewildert und deren Hände und Köpfe zu Liebhaberpreisen an Touristen verkauft. Die Erkennt-

nisse George Schallers und Dian Fosseys führten aber auch zum Gorilla-Tourismus: Wie Sie im Kapitel „Unsere armen Verwandten" lesen können, ein großartiges Einkommen für Ruanda, von dem wiederum die Berggorillas profitieren, weil mehr für ihren Schutz getan werden kann.

Die königliche Familie läßt bitten

Wenn ein Löwe es schafft, Chef eines Rudels zu werden, hat er zeit seines Lebens ausgesorgt.

Staub wirbelt auf, läßt die Gnus im Hintergrund nur noch schemenhaft erkennen. Weil der „König der Tiere“ bei der Fiesta im Kreis seiner Familie gestört wurde und keine Lust zum Jagen hat, macht er sich aus dem Staub.

Majestät bei ihrer Lieblingsbeschäftigung: Schlafen. An die zwanzig Stunden am Tag schläft und döst der Löwe vor sich hin. Die übrige Zeit muß er aufpassen, daß er nicht von einem Nebenbuhler entthront wird.

Gierig machen sich diese beiden Löwen-Männer über ein erlegtes Wild her, das sie von zwei Seiten gleichzeitig regelrecht zerfetzen. Bevor Junglöwen geschlechtsreif werden, vertreibt sie der Chef aus dem Rudel. Als Einzelgänger oder in kleinen Gruppen jagen sie dann nach Beute.

Das Löwenrudel haben wir „Miti Mbili“ getauft, das wir hier im afrikanischen Masai-Mara-Reservat beobachten. Es ist Mitte Dezember, die kleine Regenzeit ist vorbei. Eine Löwin hat Nachwuchs bekommen und hält die vier katzengroßen Jungen unter der Krone einer umgestürzten Euphorbie versteckt. Unbeholfen klettern die Babys auf der Mutter herum. Mißtrauisch äugt die Löwin auf die Steppe hinaus. Gefahr droht von Hyänen und Leoparden, aber auch von stammesfremden Löwenmännchen.
In einiger Entfernung streifen drei leibliche Tanten der Kleinen, „Stump“ und die „Marsh-Zwillinge“ genannt, ziellos durch die Steppe. Plötzlich machen sie sich emsig am Boden zu schaffen. Sie buddeln an einem Loch, daß die Erdbrocken nur so fliegen. Ein Warzenschwein hat sich in einem Erdbau versteckt. Aber Löwen, die Könige der Tiere, als Maulwürfe? Das ist so ungewöhnlich nicht, denn in schlechten Zeiten bleibt ihnen oft nur die Wahl, einen alten Büffelbullen anzugreifen oder Warzenschweine auszugraben, um satt zu werden.
Die Arbeitsweise unserer drei Katzen ist typisch löwenhaft. Eine arbeitet, die anderen beiden schauen zu. Alle paar Minuten ist Schichtwechsel.
Plötzlich bricht die Hölle los. In einem Gewirr aus herumwirbelnden Leibern erkennen wir ein quiekendes schwarzes Etwas – das Schwein ist aus dem Bau gefahren. Schon hängen zwei Löwinnen an seiner Kehle, die dritte hält es hinten am Boden, Minuten später ist das Warzenschwein tot.
Stump und die Marsh-Zwillinge beginnen, ihre Beute zu verzehren, gierig und in ungewohnter Hast. Ahnen sie, daß nicht viel Zeit bleibt? Zuerst sind es nur drei oder vier Hyänen, die vom nahen Bau herüberkommen und die Katzen in respektvoller Entfernung umkreisen. Doch es werden mehr und sie rücken näher, die Schwänze aufgestellt, die Rückenhaare gesträubt. Ihre Erregung wird immer größer, das tiefe Knurren und Grollen aus ihren Kehlen lauter, drohender. Die Löwinnen blicken nicht auf, schlingen hastig einen Fleischbrokken nach dem anderen hinunter.
Schließlich gehen acht Hyänen zum Angriff über. In dichtgedrängter Phalanx rücken sie vor, die Köpfe am Boden, das furchterregende Gebiß entblößt. Das Knurren und Heulen wird ohrenbetäubend. Die Löwinnen leisten keinen Widerstand. Als die Schnauzen der Hyänen sie fast berühren, schleichen sie sich weg wie geprügelte Hunde. Etwas abseits legen sie sich hin und lecken ihre blutverschmierten Gesichter. Besonders mutig sind Löwen nicht. Die Hyänen machen sich sofort über die Reste des Warzenschweins her. Wenig später kündet nur noch ein blutiger Fleck im Gras von dem Geschehen, das sich hier abgespielt hat.
Die Größe eines Löwenrudels ist abhängig von Futterangebot, Umgebung und der Verfügbarkeit von Wasser. Durchschnittlich bilden vier bis fünf miteinander verwandte Weibchen den Kern eines Rudels. Viele bleiben ihr ganzes Leben zusammen.
Die jungen Männchen dagegen, oft ebenfalls miteinander verwandt, nomadisieren in Gruppen durch die Steppe. Wer es allerdings schafft, Chef eines Rudels zu werden, hat ausgesorgt. Er wird von seinem Harem, bis zu zehn Weibchen, hervorragend ernährt und ansonsten in Ruhe gelassen. Sein Leben: An die zwanzig Stunden schlafen und dösen am Tag, ansonsten aufpassen, daß kein Nebenbuhler kommt und selbst in die Rolle des Prinzgemahls schlüpfen will. Turbulent wird es für den „König der Tiere“ nur, wenn eins seiner Weibchen heiß wird: Vierzigmal am Tag paaren sich die Tiere – und das eine Woche lang.
Die Liebesmüh trägt nach einem guten Vierteljahr Früchte, zwei bis vier Junge werden geboren. Weit über die Hälfte davon stirbt allerdings noch vor der Geschlechtsreife.
Das süße Leben eines Haremsherrn dauert nur zwei oder drei Jahre; dann wird er von einem Rivalen vertrieben. Auf diese Weise wird der Inzucht vorgebeugt: Der Vater verschwindet, bevor die eigenen Töchter geschlechtsreif werden.
Es ist merkwürdig: Seit altersher führt der Mensch den Löwen mit seiner Mähne im Wappen, schmückt er sich mit seinem Namen, und es scheint, als fühle er sich dem edlen Raubtier ein wenig verwandt. Dabei ist der Löwen-Mann nur faul und triebhaft und stinkt dazu bestialisch. Die Jagd besorgen die Weibchen.

Hier übt ein Löwen-Baby das Zubeißen. Schon mit drei Wochen kommen die Milchzähne zum Vorschein, mit denen die Kleinen zusätzlich zur Muttermilch auch schon Fleischstückchen verzehren können.

Wegen ihrer Größe und Schwere können Löwinnen nur kurze Strecken, fünfzig bis hundert Meter, im schnellen Sprint zurücklegen. Eine Beute, die dann noch nicht gegriffen ist, hat es noch mal geschafft. Die organisierte Jagd im Rudel ermöglicht es, auch größere Tiere zu jagen, Gnus und Zebras, aber auch Kaffernbüffel, die ein Vielfaches des Löwengewichts haben. Am Musiara-Sumpf entdecken wir vier junge Mähnenlöwen, die sich im Schatten räkeln. Seit ein paar Tagen machen diese Nomaden die Gegend unsicher. Sie sind jung und stark und im besten Alter, um auf der Suche nach einem Rudel einen alten Haremschef zu vertreiben. Bei Einbruch der Dunkelheit schicken sie ihr Brüllen in die Weite der Grassteppe. Hii nchi ya nani? Yango, Yango, Yango. Die Afrikaner wissen, was die Löwen sagen: „Wessen Land ist dies? Es ist unser, unser, unser.“

Abend in der Savanne. Familienleben dauert für einen Löwen nur zwei bis drei Jahre – bis seine Töchter geschlechtsreif werden. Damit keine Inzucht vorkommt, muß der Löwe dann verschwinden.

Wehe, wenn der Chef schreit

Der Rothirsch ist unser mächtigstes Wildtier. Wenn er laut wird, herrscht Aufregung im Wald.

Bis zu 40 Hirschkühe umfaßt das Kahlwildrudel. Wie ein Magnet zieht es andere Hirsche an, die alle vom Platzhalter während der Paarungszeit im Herbst auf Distanz gehalten werden müssen.

Den größten Teil des Jahres leben die Geweihten friedlich und gemütlich miteinander. Nur während der Brunft verwandeln sich diese scheuen Wiederkäuer in hormongetriebene Besessene, deren Sinn allein nach Fortpflanzung steht.

Er ist der König der Wälder, ein Symbol für die Deutschen, das Sinnbild der Urtümlichkeit und in Öl gemalter Schmuck der guten Stuben. Der Rothirsch.
Er ist aber auch ein armes Vieh. Wohl kein anderes Wildtier mußte durch solch eine Achterbahn von Jagd und Hege. Mal wurde er nahezu ausgerottet, dann wieder massenhaft gezüchtet. Er wurde gekreuzt, ausgesiedelt, angesiedelt, über Jahrhunderte verherrlicht und ebensolange als Schädling verteufelt. Seit Urzeiten haben Menschen ein besonders emotionales Verhältnis zum Hirsch. Höhlenbewohner malten sein Abbild an die Wände. Der Adel reservierte sich schon im Mittelalter das Jagdrecht und erhob es zu einer Art Heiligtum – wer wilderte, wurde bestraft wie ein Gotteslästerer: mit dem Tode. Nachdem die Deutschen 1848 gegen die Adelsherrschaft rebelliert hatten, ging das Jagdrecht auf die Bauern über. Doch die töteten in kurzer Zeit so viele Erntevernichter, daß das Rotwild in weiten Regionen ausgerottet war.

Aus dem Mittelalter kommt auch die bildhafte Jägersprache, die ein Rotwild-Junges zwar ein *Kalb* nennt, seine Mutter aber nicht Kuh, sondern *Stück* oder *Tier*. Das Maul heißt *Geäse*, die Augen sind *Lichter*, die Zunge ist der *Lecker*, und bestimmte Drüsen, die *Brunftkugeln*, verursachen, was die Hirsche im Herbst in größeren Streß versetzt als jedes andere Wild: die Brunft, auf gut deutsch die Paarungszeit.

Den Rest des Jahres leben die *Geweihten* friedlich und gemütlich miteinander in einem Rudel. Aber in der Brunft verwandeln sich diese scheuen Wiederkäuer in hormongetriebene Besessene, deren Sinn allein nach Fortpflanzung steht. Sie äsen in dieser Zeit nicht, und mit leidenschaftlicher Feindseligkeit und grober Gewalt versuchen sie, jeden Rivalen an der Fortpflanzung zu hindern. Es ist ein grandioses Schauspiel, wenn zwei kämpfende Hirsche mit der Wucht ihrer bis zu fünf Zentner Gewicht zusammenkrachen. Mit verhakten Geweihen schieben sie sich hin und her, wirbeln im Kreis, und welche Kraft dahintersteckt, ahnt man, wenn ein Hirsch einen zehn Meter breiten Bachlauf oder einen drei Meter hohen Zaun mit Leichtigkeit überfällt. Der Schwächere in so einem Kampf tut gut daran, *hochflüchtig* zu werden, denn sonst läuft er Gefahr, vom Sieger mit spitzen *Enden* zu Tode *geforkelt* zu werden.

In der Brunft *schreien* die Hirsche – normale Leute nennen das brüllen oder röhren. Es sind merkwürdig

melodische, dunkle, weittragende Laute, die den Spaziergänger im Wald ängstigen. Dem Rotwild erfüllen sie zwei Zwecke: Sie teilen dem Rivalen den Kampfeswillen mit, und sie bewirken beim *Kahlwild* die Paarungsbereitschaft.

Wer einmal *Platzhirsch* ist, Chef über Rudel und Rivalen, dessen Mannes- und Kampfkraft wird hart auf die Probe gestellt. Bis zu 40 *Tiere* umfaßt ein *Kahlwildrudel*, und wie ein Magnet zieht es andere Hirsche an, die alle *abgekämpft* werden müssen. Wenn ein Hirsch nach drei Wochen Brunft seine Schuldigkeit getan hat, kann er kaum noch gehen. 20 bis 30 Kilo Gewichtsverlust, viele Verletzungen an *Haupt* und *Läufen* und unendlich müde muß er wieder seine Kräfte aufpäppeln. Im Februar wirft er sein Geweih ab und beginnt bald ein neues zu *schieben*.

Das *Kahlwild* setzt Anfang Juni mit allzu schöner Regelmäßigkeit ein bis zwei *Kälber* – und da liegt ein gewaltiges Problem. Denn wir haben zu wenig Wald und zu viel Rotwild – rund 160 000 Exemplare –, das sich im Winter und Frühjahr zu über 50 Prozent von Blättern und Rinde ernährt. *Schälen* nennt man es, wenn der König des Waldes die Rinde in Streifen von jungen Bäumen zieht und so zu ihrem Zerstörer wird.

Dann ist der Zauber des Urtümlichen vorbei. Wenn die Hirsche zu ökologischen Störenfrieden werden, dann sehen Naturschützer lieber mehr von ihnen in Öl gemalt in der guten Stube und dafür weniger im Wald.

Seit Urzeiten haben Menschen ein besonders emotionales Verhältnis zum Hirsch. Er ist der König der Wälder, ein Symbol für die Deutschen, Sinnbild der Urtümlichkeit und in Öl gemalter Schmuck der guten Stuben. (Kleines Foto: Hirschkalb)

Der friedliche Schein trügt

Flußpferde, die harmlos aussehenden Pflanzenfresser, sind die aggressivsten Tiere Afrikas.

Lina aus Wuppertal war ältlich (sie kannte Adenauer noch persönlich), jungfräulich (drei ihr zugeführte Kavaliere hat sie verschmäht) und füllig (gute zwei Tonnen Gewicht). Aber was für ein raffiniertes Stück sie war! Nachdem Lina einmal ein stark alkoholhaltiges Medikament gegen Herzschwäche bekommen hatte, versuchte sie mit allen Mitteln, sich immer wieder ihren „Schnaps" zu erschleichen. Und die Leute im Wuppertaler Zoo waren gutmütig genug, ihr gelegentliches, herzerweichend vorgetragenes Leiden für bare Münze zu nehmen. Und dann kriegte Lina, vierzig Jahre lang Liebling aller Wuppertaler Kinder, was ihr Herz so sehnsüchtig begehrte.

Die gemütliche Lina war ein Fluß- oder Nilpferd und eigentlich in Afrika zu Hause. Ihre alkoholfreien Artgenossen dort kennen andere Genüsse: Weit über die Hälfte ihres Lebens liegen sie im badewannenwarmen Wasser, dösen und planschen, und nur nachts klettern sie mit kurzen Beinen an Land und fressen so viel, daß sie immer schön dick und rund bleiben – sechzig Kilo Gras ist Satz. Natürliche Feinde kennen sie nicht, allenfalls werden die jungen Kälber, wenn sie sich ganz gegen die Regel einmal von der Mutter entfernen, hin und wieder von Löwen gerissen.

Flußpferde, eher mit Schweinen als mit Pferden verwandt, wiegen bis zu drei Tonnen und haben das größte Maul unter allen Landtieren. Trotzdem gelten sie als friedfertige Tiere. Wie Elefanten etwa. Sind sie aber nicht. In „Brehms Tierleben" von 1891 steht: „Der Schakal, die Hyäne und selbst der Löwe schweigen und lauschen, wenn, dem Rollen des

Bei solchen Mundwerkzeugen ist es kein Wunder, daß das Flußpferd sich vor keinem anderen Tier in Afrika fürchten muß. Hier jedoch handelt es sich lediglich um herzhaftes Gähnen.

Erdbebens vergleichbar, Behemoths (bibl. Name für Flußpferd, d. Red.) Donnerstimme sich über die Wasserfläche wälzt und, vom fernen Urwald gedämpft, auf weithin widerhallt."

Im gleichen Buch wird von einem Flußpferd berichtet, das vier friedliche Zugochsen zermalmt haben soll, und von einem anderen, das zwei Frauen mit Bisssen so zurichtete, „daß der Tod beider erfolgte". Dem Jäger rät Brehm, zum eigenen Schutz, zur Flußpferdjagd eine schwere Büchse mitzunehmen, dicht an das Tier heranzugehen, „und er sende die Kugel dem ihn anglotzenden Ungetüme in die Augenwinkel."

Es ist nicht erklärlich, warum diese Tiere, stark und unangreifbar, so gefährlich und aggressiv sind. Auch untereinander kämpfen sie, meist die Bullen, gnadenlos. Immer wieder schlagen sie sich gegenseitig ihre bis zu sechzig Zentimeter langen Eckzähne in den Leib, und oft genug treffen sie, tödlich, ins Herz.

Mit den traditionellen Waffen der Einheimischen war den Flußpferden fast gar nicht beizukommen. Daß ihr Fleisch schmackhaft ist, weiß man daher erst, seit die Weißen mit Feuerwaffen jagen. Die Haut, sechs Jahre lang gegerbt, wird zu den gefürchteten Nilpferdpeitschen verarbeitet. Das Leder wird so hart, daß es sogar zum Schleifen von Diamanten verwendet wird.

Die Dickhäuter paaren sich im Wasser. Vermutlich, weil dort der tonnenschwere Liebhaber leichter zu ertragen ist. Nach 227 bis 240 Tagen Tragzeit, wenn die Geburt bevorsteht, geht die Kuh ins Wasser, denn da fühlt sie sich am sichersten. Das Junge, fünfzig Kilo schwer, schießt bei der Geburt explosionsartig aus dem Mutterleib und zerreißt dabei die Nabelschnur. Es muß schnellstens zum Atmen an die Oberfläche gelangen. Die Sterblichkeit unter den Jungen ist hoch. Zwanzig Prozent von ihnen gehen an Krankheiten ein, werden von Löwen zerrissen oder von einem jener schlechtgelaunten und reizbaren Bullen zermalmt, die eifersüchtig ihr Territorium bewachen und es markieren, indem sie ihren Kot beim Ausscheiden mit dem kurzen Schwanz in die Gegend wirbeln. Eine afrikanische Fabel erklärt dies Verhalten so: Als Gott die Welt erschuf, bestimmte er das Flußpferd dazu, in Afrika Gras zu weiden. Als das Flußpferd merkte, wie heiß es dort ist, bat es darum, tagsüber im Wasser bleiben zu dürfen und nur nachts Gras weiden zu müssen. Gott erlaubte dies mit der Auflage, daß die Tiere am Tage nicht heimlich Fisch fressen. Deshalb verstreut heute das Flußpferd seine Ausscheidungen, um Gott zu zeigen, daß keine Gräten drin sind.

Keine Angst vor großen Tieren, sagt sich dieser kleine Gast und marschiert naßforsch vor dem Riesen dahin. Ganz schön mutig, wenn man weiß, daß Flußpferde gefährlich und aggressiv sind. Bei Kämpfen mit Artgenossen hat schon manches Tier sein Leben verloren (kleines Foto oben). Auftauchen als „gekröntes Haupt", das ist so richtig nach Flußpferd-Manier (großes Foto rechts).

Ein König, der jagen läßt

Es gibt ihn wieder häufiger, den Weißkopf-Seeadler – Amerikas großen Wappenvogel mit kleinen Schwächen

In der Regel „läßt“ der Weißkopfseeadler jagen. Er gilt als Beutedieb, der schwächeren Jägern das Futter klaut. Dabei setzt er nicht selten seinen kräftigen Schnabel als Waffe ein, um Konkurrenten zu attackieren.

Benjamin Franklin hielt ihn schlichtweg für unwürdig. Der weißköpfige Seeadler, so erklärte der Staatsmann, Wissenschaftler und Mitbegründer der USA vor mehr als zweihundert Jahren, sei als Nationalsymbol der Vereinigten Staaten von Amerika ungeeignet, weil er einen schlechten Charakter habe, faul sei und seinen Lebensunterhalt nicht auf anständige Weise beschaffe. Viel ehrenwerter wäre da doch der Truthahn.

Am 20. Juni 1782 entschied sich das Gründungskomitee der USA dennoch für den Weißkopf-Seeadler als Wappenvogel.

Seitdem ziert der stolze Adler mit dem weißen Kopf das amerikanische Staatswappen und, beispielsweise, jede Dollar-Note. Und während der Truthahn zum Sinnbild für fette Festtage degenerierte, steht der majestätische Haliaectus leucocephalus bei den US-Bürgern für Freiheit, Mut und Entschlossenheit.

Zuviel der Ehre – sagen Zoologen. Zwar kann der größte nordamerikanische Adler, der von den Aleuten bis Mexiko zu Hause ist, ein stattliches Maß von 96 Zentimetern Größe vorweisen. Zählt der König der Lüfte mit einer Flügelspannweite von bis zu 244 Zentimetern zu den herrlichsten Greifvögeln der Erde. Signalisiert der kühne Adlerblick des Vogels, den er übrigens einem Knochenvorsprung über dem Auge verdankt, äußerste Wachsamkeit. Doch so ganz schief lag der alte Benjamin Franklin nicht. Hat doch der „gefiederte Amerikaner" einen kleinen Makel: Er „läßt" jagen. Im Gegensatz zum Steinadler, dem stärksten Greifvogel und klassischen Wappenvogel überhaupt, gilt der „Weißkopf" als

Mit seinem scharfen Adlerauge, mit dem er achtmal besser sieht als der Mensch, hält er selbst in strömendem Regen nach Beute Ausschau. Aus dem Gleitflug stürzt er sich auf Fische, Kaninchen und angelt sogar Lachse.

Beutedieb, der oft schwächeren Jägern das Futter klaut. Kleineren Raubvögeln etwa entreißt er im Flug ihre Beute. Truthahngeier attackiert er mit seinem kräftigen Schnabel so heftig, daß sie ihre letzte Mahlzeit herauswürgen. Reiher packt er mit seinen scharfen Krallen am Hals, bis sie ihren Fisch fallenlassen.

Scheint so, daß er sein scharfes Adlerauge – mit dem er achtmal besser sieht als der Mensch – vor allem dazu nutzt, nach leichter Beute zu spähen. Ebenso geschickt manövriert der Flugkünstler am Himmel, stürzt sich aus dem Gleitflug auf Fische, jagt sogar einem Fuchs die Beute ab, greift sich ein Kaninchen oder steigt bis zum Bauchgefieder ins Wasser, um Lachse zu angeln.

Am Oberlauf des Chilkat-River in Alaska, eisfrei durch warme Quellen, versammeln sich jedes Jahr im Spätherbst Tausende von Weißkopf-Seeadlern zum Lachsfang. Wenn andere Gewässer schon zugefroren sind, stürzen sich die Greife auf die flußaufwärts wandernden Fischschwärme. Bis zu elf Prozent ihres Körpergewichts an Fisch können die über sechs Kilogramm schweren Vögel an solchen Tagen vernaschen, ehe sie sich zum Verdauungsschlaf in Bäume zurückziehen.

Obwohl Seeadler meist schwache oder tote Fische erbeuten, wurde ihnen ihres Appetits wegen von eifersüchtigen Fischern der Krieg erklärt. Jahrzehntelang waren die königlichen Flieger, die in der Nähe von fischreichen Gewässern leben, in den USA zum Abschuß freigegeben. Erst 1953 beendete ein Gesetz den Vogelmord, der Hunderttausenden von Tieren das Leben kostete. Zum größten Feind der stolzen

Am Chilkat River sammeln sich Tausende von Weißkopf-Seeadlern auf Treibholz, um in diesem warmen Gewässer auf Lachsfang zu gehen.

Vögel jedoch wurde das Pflanzenschutzmittel DDT, das sie zwischen den 40er und 60er Jahren fast ausrottete. Mit der Nahrung gelangte dieses Gift in den Körper der Adler. Die Folge waren Unfruchtbarkeit und dünnschalige Eier. Immer seltener gab es Nachwuchs unter den in Einehe lebenden Großvögeln, die ohnehin nur zwei Küken großziehen und deren Junge erst nach fünf Jahren geschlechtsreif sind. In vielen anderen Fällen hatten Eltern ihr zerbrechliches Gelege in den bis zu drei Meter großen Baum-Horsten vor dem Schlüpfen zertreten.

Erst als der Bestand der Wappenvögel auf weniger als 400 Paare geschrumpft war, wurde Anfang der 70er Jahre das Pflanzengift verboten, der Weißkopf-Seeadler auf die Liste der vom Aussterben bedrohten Tierarten gesetzt.

Heute leben in Nordamerika wieder so viele Weißkopf-Seeadler wie vor 50 Jahren: etwa 30 000 Tiere in Alaska, 22 000 in den übrigen Bundesstaaten. Und die weiteren Aussichten für den Wappenvogel sind gut: Er steht nicht nur unter dem Schutz der Naturfreunde, sondern einer ganzen Nation. Trotz „charakterlicher Schwächen": Der König der Lüfte genießt heute in den USA mehr öffentliches Ansehen und Interesse als jedes andere Tier. Wenn das Benjamin Franklin wüßte ...

Trotz „charakterlicher Schwächen", die Benjamin Franklin dem Weißkopf-Seeadler anhängte, genießt er in Amerika als Wappenvogel größtes Ansehen und Interesse.

Der Turner vom Teich

Grasfrösche sind als gewaltige Hüpfer bekannt. In der Laichzeit verlegen sie ihre artistischen Übungen ins Wasser.

Die bis viereinhalb Zentimeter langen Larven der Frösche, die sogenannten Kaulquappen, sind geschwänzte Kiemenatmer wie die Fische. Erst die erwachsenen Frösche atmen mit Lungen wie die Säugetiere.

Das Märchen vom Froschkönig – es läßt sich nur aus der Sicht der Menschen erzählen. Prinzessinnen, Küsse und so ... Wie das Partnerschema des Frosches unter seinesgleichen aussieht, beschreibt der Züricher Zoologe Hans Rudolf Heusser: „Alles, was weich ist, die richtige Breite hat und sich bewegt, gilt als Weibchen."
In nur drei Kategorien läßt sich, laut Heusser, die Welt aus der Froschperspektive sehen: „Alles, was kleiner ist als er selbst, ist zum Fressen da; alles, was etwa gleich groß ist wie er selbst, muß er zur Fortpflanzung umarmen; und alles, was merklich größer ist als er selbst, muß er fliehen."
Und so kommt es, daß Frösche ihren eigenen zappeligen Nachwuchs vertilgen, daß sie während der Paarungszeit stundenlang Kröten oder gar Schlammballen umarmen, und daß sie sich furchtsam wegducken oder abtauchen, wenn etwa eine Silhouette eines Menschen vor ihnen auftaucht.
Frösche sind entwicklungsgeschichtlich nicht mehr Fische – obwohl ihr Nachwuchs im Wasser heranwächst, aber sie sind längst nicht so weit entwickelt wie Säugetiere – auch wenn ihre Vorfahren schon vor fast 400 Millionen Jahren dem Wasser entstiegen sind. Also etwa 200 Millionen Jahre, bevor die Dinosaurier entstanden.
Es ist die Klasse der Lurche, zu der neben Fröschen und Kröten z. B. noch Molche gehören. All diesen Tieren ist gemein, daß ihre Haut weich und feucht ist. Und sie muß immer feucht bleiben, sonst trocknen die Tiere aus; weshalb sie auf Wasser oder wenigstens Feuchtigkeit angewiesen sind. Die Larven haben noch Kiemen wie die Fische, erst die erwachsenen Frösche atmen mit Lungen.
Grasfrösche hüpfen überall in Nord- und Mitteleuropa. Selbst im Hochgebirge und bis zum Nordkap. Sie entfernen sich aber nie allzuweit vom Wasser, denn hier pflanzen sie sich fort. Schon im Februar oder März versammeln sich die Grasfrösche wie auf Verabredung in den seichten Uferzonen der Gewässer. Wie sie sich exakt auf einen gemeinsamen Zeitpunkt abstimmen, ist noch völlig unklar. Denn ihr leises Knurren – Grasfrösche quaken nicht – taugt nicht als Signal, es trägt nicht weit genug. Möglicherweise sind bestimmte Wetterbedingungen der Auslöser oder der Geruch der Algenblüte – die Forscher tappen im dunkeln.
Die gemeinsame Fortpflanzung – in der Fachsprache „Explosiv-Laichen" genannt – ist in spätestens drei Nächten erledigt. Von hinten umklammern dabei die Männchen die Weibchen unter den Achseln, lassen sich von den Wellen schaukeln und warten darauf, daß das Weibchen ein Hohlkreuz macht: So signalisiert es ihm, daß es gerade seine tausend bis viertausend Eier ablegt. Dann stößt auch das Männchen seinen Samen aus, der sich über den Laich legt und ihn befruchtet.
Aus den befruchteten Eiern entwickeln sich Kaulquappen – bis viereinhalb Zentimeter lange, geschwänzte Kiemenatmer, die sich vom Laich anderer, sich später fortpflanzender Frosch- und Krötenarten ernähren. Nach weiteren zwei bis vier Monaten wachsen den Kaulquappen Beine, ihr Maul wird breiter, die Augen treten ihnen weit vor den Kopf, der Schwanz bildet sich zurück, eine Lunge entwickelt sich, und schließlich verlassen ein bis anderthalb Zentimeter lange fertige Fröschchen zu Zigtausenden den Teich, um als Einzelgänger in feuchten Wiesen zu leben.
Hier wird so ein Frosch Schnecken, Würmer, Raupen und Insekten fressen. Seine Grundfarbe wird braun sein, an den Seiten aber auch gelb oder rot. Er wird bis zu acht Jahre alt, also viel älter als ein gleich großer Singvogel oder eine Maus. – Mit drei Jahren wird der Frosch geschlechtsreif. Dann kehrt er im Februar oder März an das Gewässer zurück, dem er entsprungen ist, und umklammert alles, was weich ist, die richtige Breite hat und sich bewegt.
Nein, keine Prinzessin der Welt würde jemals von einem Frosch um einen Kuß gebeten.

Mit drei Jahren wird der Frosch geschlechtsreif. Dann kehrt er im Februar oder März an jenes Gewässer zurück, dem er entsprungen ist. Während der Paarungszeit verlegen sie ihre artistischen Übungen ins Wasser und umklammern alles, was weich ist, die richtige Breite hat und sich bewegt ...

Sie balzen, bis die Federn fliegen – aber von Ehe wollen Kampfläufer-Männchen nichts wissen.

Nach dem Kampf ist Damenwahl

Bleicher Schopf, bräunlich-gräuliches Gefieder, blasse Beine – nein, auf so etwas fliegen die Damen nicht. Ein wenig Farbe und Phantasie bei der Hochzeit muß schon sein.

Ein fetziger Federbüschel im Nacken zum Beispiel, das reißt doch mächtig heraus. Auch eine farbig aufgemotzte Halskrause, vom Wind aufgefönt, schindet bei der Balz Eindruck. Wenn der Hahn sich dazu noch gewaltig aufplustert und viel Wirbel macht, ist das Liebesspiel schon halb gewonnen. Jedenfalls bei den Kampfläufer-Hennen.

Ihrerseits schlicht grau-braun und eher von bescheidenem Äußeren, stehen die Hennen dieser 25 bis 30 Zentimeter großen Schnepfenart auf schmucke Partner. Dafür müssen sich allerdings die Kampfläufer-Hähne gewaltig ins Zeug – oder besser gesagt ins Gefieder – legen. Der Ort der Selbstdarstellung ist schnell gefunden. Es ist meist derselbe wie im letzten Jahr: eine feuchte Wiese, eine Gras-Insel im Sumpf, ein offenes Feucht-Biotop in den Weiten des europäischen und asiatischen Nordens (auch bei uns

Die schlicht-braunen Kampfläufer-Hennen stehen auf schmucke Partner. Dafür müssen sich die Kampfläufer-Hähne gewaltig ins Zeug – besser gesagt, ins Gefieder – legen.

haben einige wenige Kampfläufer ihre Lieblingsplätze). Dorthin kehren die Zugvögel – die sich im Winter bis ins warme Afrika verziehen – jeden Frühling zurück, um ihre große Balz-Show abzuziehen.

Spätestens dann hat Mutter Natur den Männchen das Hochzeitskleid wachsen lassen. Statt des üblichen Einheitsgraus ist nun Buntes angesagt: Blauschwarz, Perlweiß, Rostrot, Kastanienbraun, Sonnengelb, gefleckt, gescheckt, getupft, gepunktet, gestromt. Eine wahre Farborgie des männlichen Gefieders, bei der kein einziges Balz-Kleid dem anderen gleicht – ein Phänomen, das in der Vogelwelt einmalig ist. Sogar die Beinfarbe variiert zwischen Grün, Orange und Rot. Unwiderstehlicher Blickfang für die Weibchen sind die prächtige männliche Halskrause und die bauschige Haube im Genick, die sich im Zuge der hitzigen Ereignisse noch ganz gewaltig aufbauschen lassen. Schließlich gilt es, vor der Eroberung der Braut 15 bis 20 Konkurrenten aus dem Feld zu schlagen.

Stolz, aber stumm marschieren die Männchen am frühen Morgen in die Kampf-Arena. Schon bald hat sich der Turnierplatz in einen Hexenkessel flatternder Federknäuel verwandelt. Mit aufgeplustertem Kragen trippeln die Kampfläufer aufeinander zu, treten mit den Füßen, schlagen mit den Flügeln, hacken mit den Schnäbeln, verheddern sich in Luftsprüngen, halten kurz darauf wie erschöpft inne, um sogleich einen neuen Anlauf zu nehmen. Ein zwar höchst dramatischer, aber meist unblutiger Kampf, der über viele Runden und Stunden geht.

Die heißumkämpften Weibchen picken derweil scheinbar unbeteiligt im Gras, obgleich sie längst einen Favoriten im Auge haben. Doch erst wenn sich ein Kavalier nach tagelangem wildem Gefecht behauptet hat, ist Damenwahl. Geduckt schreitet die Henne heran und pickt ihrem Sieger in die Halskrause – die Aufforderung zur Paarung. Die Hochzeit findet nahe der Nistmulde statt, die das Weibchen beizeiten in weiser Voraussicht mit Gras und Halmen ausgepolstert hat. Kurz darauf – man ist flexibel – flattert Er schon zur nächsten. Eheliche Treue oder den Bund fürs Leben – das gibt es bei den Kampfläufern nicht. Auch die wenigen Weibchen – in der Kampfläufer-Gruppe immer in der Minderheit – lassen nichts anbrennen. Ist ein Turnierkönig schon vergeben, verschmähen sie auch die „zweite Wahl" nicht.

So kommt meist jeder mal zum Zuge. Doch eigentlich ist die Balz der Kampfläufer ein von der Natur abgekartetes Spiel. Denn ob ein Männchen Glück bei den Damen hat, ist genetisch vorbestimmt und an der Farbe seiner Halskrause zu erkennen. Das haben kanadische und holländische Verhaltensforscher entdeckt. In jahrzehntelangen Beobachtungen fanden sie heraus: Hähne mit dunklem Haargefieder sind die draufgängerischen Siegertypen. Auf sie fahren die Hennen ab. Die Männchen mit hellen Halsfedern hingegen sind die Verlierer, schwach, unterwürfig und bei den Weibchen unbeliebt. Doch weil sie im Schatten der „Platzhirsche" gnädig geduldet werden, fällt ihnen gelegentlich die Gunst der Damen zu. Zum Beispiel, wenn der Auserwählte plötzlich anderweitig vergeben ist. Dann merkt die hitzige Braut nicht, daß sich ein „Ersatzspieler" eingeschmuggelt hat.

Ohnehin ist die Liebe kurz, die Reue lang. 21 Tage brütet die Henne allein auf ihren, meist vier, Eiern. Allein zieht sie auch die Jungen mit Insekten, Larven und Würmern auf.

Doch spätestens im Herbst, vor der Reise ins Winterquartier, finden sich die Kampfläufer wieder zusammen. Man trägt das übliche Einheitsgraubraun und läßt gelegentlich ein leises Ga-Ga-Ga erklingen. Und die Männchen dürfen endlich wieder ihr wahres Gesicht zeigen.

Stolz, aber stumm marschieren die Männchen am frühen Morgen in die Kampf-Arena. Schon bald hat sich der Turnierplatz in einen Hexenkessel flatternder Federknäuel verwandelt. Mit aufgeplustertem Kragen trippeln die Kampfläufer aufeinander zu, treten mit den Füßen, schlagen mit den Flügeln, hacken mit den Schnäbeln, verheddern sich in Luftsprüngen, halten kurz darauf wie erschöpft inne, um sogleich einen neuen Anlauf zu nehmen.

Wo für Eisbären der Spaß aufhört

Einsam streifen sie durchs Polareis. Nur selten treffen sie aufeinander – der Liebe wegen oder um zu kämpfen.

K [illegible] ...iel? [illegible] ...ten sind die [illegible]bären die ruppigsten Einzelgänger, außer in der Paarungszeit. Dann sind Rivalenkämpfe angesagt. Häufig wurde beobachtet, daß besonders starke Männchen sich auf die Suche nach schwachen Jungtieren machen und sie töten.

Vor knapp zehn Jahren wollten kanadische Wissenschaftler den Eisbärenbestand einer Region der Hudsonbay zählen. In der Annahme, daß so große Tiere 2 bis 2,50 Meter lang und sieben bis zwanzig Zentner schwer, auf den unbelebten Schneewüsten und im Eiswasser deutlich wie „heiße" Punkte wirken müßten, bauten die Forscher empfindliche Infrarot-Wärmefühler in ein Flugzeug und überflogen das Testgebiet. Keine Reaktion des Geräts. Dann suchten sie mit bloßem Auge einen Eisbären und flogen flach über ihn weg. Nichts. Doch das Gerät war in Ordnung. Eisbären, so lernten die Wissenschaftler verblüfft, geben keine meßbare Wärmestrahlung nach außen ab.

Es war schon immer ein Rätsel: Die Tiere wurden Hunderte von Kilometern vom Land entfernt im Polarmeer schwimmend beobachtet. Und man wußte, daß sie, im Gegensatz zu anderen Meeressäugern, keine isolierende Fettschicht unter der Haut haben, sondern nur durch ihr

Müde von der ewigen Balgerei mit Rivalen nimmt dieser Eisbär eine kurze Auszeit. Sein dichtes Fell wärmt ihn so gut, daß er Minustemperaturen bis zu 55 Grad aushält.

Fell gewärmt werden. Und das soll tagelang Wassertemperaturen um den Gefrierpunkt abhalten können? An Land bis zu 55 Grad kalte Luft? Sogar bei Sturm?

Das Rätsel wurde im Labor gelöst. Jedes Eisbärenhaar besitzt Lufteinschlüsse, eins der besten Isoliermittel, das man kennt. Dazu entdeckte der kanadische Zoologe Richard Grojean, daß ein Eisbärenfell funktioniert wie Sonnenkollektoren: Die einzelnen Haare leiten Tageslicht an die Haut weiter, wo es in Wärme umgewandelt wird. Selbst gute Sonnenkollektoren können heute bei Temperaturen um den Nullpunkt nur einen Wirkungsgrad von 40 Prozent erreichen – ein Eisbärfell wandelt einstrahlendes Licht zu 95 Prozent in Wärme um. An der kanadischen Northeastern University konnte daraufhin die Leistung von Solar-Kollektoren um die Hälfte gesteigert werden, indem man sie mit Fasern kombinierte, die dem Eisbärenhaar ähneln.

Von allen Bärenarten sind die Eisbären die ruppigsten Einzelgänger.

In aller Regel meiden sie konsequent die Gesellschaft ihresgleichen. Wenn sich dennoch einmal mehrere von ihnen bei einem gestrandeten Wal einfinden, ignorieren sie einander, fressen sich voll und gehen dann gleichgültig ihrer Wege. Zwei Ausnahmen gibt es von dieser Regel: In der Paarungszeit im Sommer suchen Männchen und Weibchen einander – Rivalenkämpfe gehören dann auch dazu –, bleiben mehrere Tage zusammen und begatten sich zwischen zehn- und zwanzigmal täglich. Die zweite Ausnahme ist ein Phänomen, das auch bei anderen Großbären beobachtet wird: Besonders starke Männchen machen sich auf die Suche nach schwachen Jungtieren und töten sie. Wegen der Fülle solcher Fälle schließen Zoologen Handlungen geistig gestörter Einzelgänger mit kranken Instinkten aus. Die plausible Erklärung: Solch mächtige Tiere haben so gut wie keine natürlichen Feinde, die sonst den Bestand regulieren und die Art gesund erhalten. Sie müssen also selbst dafür sorgen, daß ihre Zahl im Gleichgewicht mit der Umwelt bleibt und daß schwache Tiere von der Fortpflanzung ausgeschlossen bleiben.

Die Jungen, meist zwei, kommen im Winter in einer Schneehöhle zur Welt. Sie sind nur rattengroß, blind und nackt. Die Mutter klemmt sie sich unter die Arme und wärmt sie zusätzlich durch unablässiges Anhauchen. Zweieinhalb Jahre dauert die Aufzucht, dann sind die Jungen selbständig. Sie durchwandern, wie ihre 20 000 Artgenossen, einsam die Polarregionen, beschleichen Robben und fangen mit viel Geduld Fische. In den Wintermonaten, wenn zugefrorene Gewässer die Jagd beschwerlich machen, finden sich seit einigen Jahren viele Eisbären in nördlichen menschlichen Siedlungen ein und suchen Nahrung. Denn nichts mögen sie lieber als Essensreste vom Menschen. Wenn die schönen Tiere dann massenweise, die weißen Pelze farbverschmiert, Müllkippen durchwühlen, wirken sie wie häßliches Gesindel. Zuerst hat man die faulen Jäger mit Hubschraubern weit weggeflogen, doch die meisten kamen immer wieder. Seit neuestem sperrt man sie in Betonkäfige und entläßt sie erst im Frühjahr, wenn die Jagd in der Wildnis mehr Nahrung verspricht als der Müll.

Eisbären in der arktischen Schneewüste. Sie bewohnen den höchsten Norden unseres Planeten, vorwiegend den Treib- und Packeisgürtel.
Trotz klirrender Kälte säugt eine Eisbärenmutter ihr Junges.
Der alte Eisbär (linkes Foto) ruft voller Inbrunst nach seinem Weibchen.

Der Hase – auf dem Sprung ins Verderben?

Der Überlebenskünstler mit den langen Ohren hat bisher alle natürlichen Gefahren gemeistert. Doch was ihm der Mensch jetzt antut, bedroht seine Existenz.

Ohren, lang wie Antennen, Augen für eine Rundumsicht, und eine Nase, die auch den leisesten Duft einfängt. Der beste Schutz ist aber ein Versteck in buschreicher Landschaft. Manchmal tut's auch eine flache Mulde, die sogenannte Sasse. Wie er damit seine Verfolger narrt, ist eine strategische Meisterleistung.

Menschen, Hunde, Wölfe, Lüchse/Katzen, Marder, Wiesel, Füchse/Adler, Uhu, Raben, Krähen/ Jeder Habicht, den wir sehen/Elstern auch nicht zu vergessen –/Alles, alles will ihn fressen." (Alte Jägerpoesie)

Er ist schon ein armer Teufel, unser Feldhase. Immer wieder Opfer in einer Welt voll freßgieriger Feinde. Doch Mümmelmann schlägt zurück: Mit seinem enormen Fortpflanzungstrieb hat er erfolgreich gegen ein Heer von Räubern angezeugt und -geboren. Wenn es, manchmal schon vor Frühlingsanfang, mit den entsprechenden Gefühlen losgeht, steigt der Anteil des Sexualhormons Testosteron im Blut eines Hasen um das Zweihundertfache. Im achten Jahrhundert verbot der christliche Missionar Bonifatius seinen Schützlingen den Verzehr von Hasenfleisch. Allzu unchristlich schien ihm der Hasen Triebhaftigkeit. Und als vor etwa 300 Jahren der Begriff des Osterhasen auftauchte, da wurde offensichtlich das Fruchtbarkeitssymbol Ei um das Fruchtbarkeitssymbol Hase ergänzt.

Es ist um Ostern herum, wenn in der „Rammelzeit", der Fortpflanzungsphase, die „Rammler" sich um heiße Häsinnen so brutal prügeln, daß die Fetzen fliegen und die Wolle stiebt. Wenn diese Kämpfe ausgestanden sind, hoppelt der siegreiche und verliebte Hase um die Häsin herum, gibt verhaltene Knurrlaute von sich, überspringt sie in halsbrecherischen Sätzen, plustert sich auf und gibt der Häsin schließlich kräftig ein paar hinter die Löffel, um sie sich gefügig zu machen. Vom Rest ist bekannt, daß der Hase nicht nur ein schneller Läufer ist.

Obwohl Hasen seit Tausenden von Jahren in enger Nachbarschaft zum Menschen leben, hat man erst in den vierziger Jahren dieses Jahrhunderts genauer hingeschaut und beobachtet, daß die Tragzeit der Hasen zweiundvierzig Tage beträgt und daß die Jungen zwei bis drei Wochen gesäugt werden.

Zur gleichen Zeit wurde bei Häsinnen ein merkwürdiges Phänomen entdeckt: die Doppelträchtigkeit. Noch vor der Geburt, noch während die Jungen in der Gebärmutter ruhen, kann die Häsin bereits erfolgreich neu gedeckt werden.

Damit die Art der Hasen, durch Verfolgung immer wieder schwer dezimiert, nicht in Gefahr gerät, bekommen sie drei- bis viermal pro Jahr Junge, und in Australien haben Biologen nachgezählt, daß 46 Prozent der Häsinnen noch im Jahr ihrer Geburt selber schon Junge bekommen.

Die zahlreiche Nachkommenschaft ist nur eine Waffe der Hasen gegen eine Unzahl von Feinden. Die zweite ist ein ausgeklügeltes Versteck- und Fluchtverhalten. Anders als seine im Erdbau lebenden Verwandten, die Kaninchen, verbirgt sich und schläft der Hase in einer flachen Mulde, der „Sasse". Doch wie er dahingelangt und dabei eventuelle Verfolger in die Irre führt, ist eine strategische Meisterleistung. Der Hasenforscher F. Koenen hat beschrieben, wie raffiniert Meister Lampe das anstellt: „Hat er sich der erkorenen Sasse auf Sichtweite genähert, so hoppelt er daran vorbei, bis der Wind auf die Sasse zustreicht. Dann macht er kehrt, hoppelt auf der eigenen Spur ein Stück zurück und springt plötzlich mit weitem Sprung zur Seite, um parallel oder schräg zu der ersten Spur nochmals an der Sasse vorbeizulaufen. Dann hoppelt er wieder auf der eigenen Spur zurück, bis er schließlich mit einem mächtigen Satz das Lager bezieht. Feinde, die seiner Spur folgen, geraten durch diese Taktik schon frühzeitig

Es ist um Ostern herum, wenn in der „Rammelzeit", der Fortpflanzungsphase, die „Rammler" sich um heiße Häsinnen so brutal prügeln, daß die Fetzen fliegen und die Wolle stiebt. Eine Maismahlzeit im Herbst ist pure Kraftnahrung für Tiere, die erst einen Winter und dann eine harte Rammelzeit überstehen müssen.

in den Sichtbereich der Sasse und warnen den Hasen, bevor sie ihn entdecken."

Die Evolution hat entschieden, daß er in der Sasse am sichersten aufgehoben ist, auch wenn ein Feind sich nähert. Denn erstens schützt ihn sein erdfarbenes Fell vor Entdeckung, und zweitens muß eine Flucht nach Möglichkeit vermieden werden, weil sie das Tier in seiner Panik zu viel Energie kostet. Um den Hasen in seiner Sasse vor Nervosität zu bewahren, halbiert das Hasenherz seine Frequenz; starr blicken die Augen, die sogar Sicht nach hinten bieten. Und erst, wenn ein Feind den Sicherheitsradius von rund drei Metern durchbricht, ergreift er das Hasenpanier und erreicht dabei bis zu 80 Stundenkilometer. Da sein Körperschwerpunkt weit hinten liegt, kann er aus voller Geschwindigkeit rechtwinklige Haken schlagen, und es bedarf schon eines erfahrenen Raubvogels oder vieler Hunde, um einen alten Hasen zu fangen.

Man sieht, Mümmelmann macht es seinen Verfolgern schwer und verkauft sich teuer. Und so haben die Hasen ihre natürlichen Feinde immer gut ausgehalten. „Seit über 20 Jahren aber geht es mit diesen Tieren bergab", sagt der Göttinger Wildbiologe Eberhard Schneider, „und es ist zu befürchten, daß es im Jahr 2000 auf weiten Strecken der Bundesrepublik keine Hasen mehr geben wird." Schuld daran ist nicht Futtermangel, auf den riesigen Feldern moderner Agrarfabriken wächst genug. Es ist die mangelnde Qualität des Futters, die den Hasen zusetzt. Biologe Schneider hat das am Beispiel Raps untersucht, einer Pflanze, die derzeit besonders weitflächig angebaut wird. Eine natürliche Mischnahrung, bestehend aus etwa 80 verschiedenen Pflanzen, wird zu 65 Prozent genutzt. Raps dagegen nur zu 30 Prozent, fast drei Viertel werden ungenutzt wieder ausgeschieden. Biologe Schneider hat eine Versuchsgruppe Hasen ausschließlich mit Raps gefüttert: „Nach drei Wochen habe ich das Experiment abgebrochen, weil ich kein Tierquäler bin. Die Hasen hatten 300 bis 400 Gramm abgenommen, obwohl sie sich regelmäßig vollgeschlagen hatten. Die Energie reicht einfach zur Ernährung nicht aus. Bei Raps als Dauerfutter drohen die Hasen mit vollem Magen zu verhungern." Dazu hat der Biologe beobachtet, daß die Tiere einen „ungeheuren Durst" entwickelten und eine regelrechte Gier nach Salz. Was schon im wissenschaftlichen Institut nicht gutgeht, ist in freier Natur tödlich, wenn noch eine Schwächung dazukommt, wie vor einiger Zeit eine Viruskrankheit, die unter Hasen grassierte. 88 Prozent aller Hasen, die tot aufgefunden wurden, lagen in der Nähe eines Rapsfeldes und hatten Viren im Körper. Die Kombination von Viruserkrankung und Rapsdiät, so muß angenommen werden, ist tödlich für die Tiere.

Jetzt wünscht sich die EG Ackergrößen von bis zu 400 Hektar. Dies sind so riesige Flächen, daß das Niederwild ihnen gar nicht mehr ausweichen kann. Eberhard Schneider: „Dann gnade Gott unseren Hasen."

Damit die Art des Feldhasen nicht in Gefahr gerät, trotz schwerwiegender Dezimierungen auszusterben, bekommt die Häsin drei- bis viermal im Jahr Nachwuchs. Dieser Fortpflanzungsstreß hindert die Hasenmutter jedoch nicht, ihre Jungen zwei bis drei Wochen zu säugen.

Der unheimliche Schlucker

Der Walhai ist der größte Fisch der Erde. Doch der Riese ist harmlos. Er schluckt nur Plankton und kleine Fische.

Die grauen Riesen-Haie sind trotz ihrer gigantischen Ausmaße keine Menschenfresser. Nur Plankton, Krill und kleine Fische stehen auf dem Speiseplan dieser größten Brummis der tropischen Weltmeere. Über zwei Tonnen Seewasser siebt der Walhai pro Stunde durch sein Mega-Maul und filtert täglich zentnerweise nahrhaftes Kleingetier in seinen Mammutmagen.

In Australien soll dieser größte aller Fische auf der Suche nach Futter versehentlich einen ganzen Fischkutter samt Fischer verschluckt haben. Anschließend gab der sanfte Riese die ungewohnte Kost wieder von sich, indem er seinen gigantischen Magen kurzerhand nach außen stülpte.

Die Story stammt von den Malediven: Einheimische Fischer der Inselgruppe im Indischen Ozean sollen – um einen zwölf Meter langen Walhai zu fangen – angeseilt in den riesigen Rachen des Fisches geschwommen sein und zu den Kiemen wieder heraus. Danach wurde das Tau gekappt, der Viertonner hing an der Leine.

Eine zweite Geschichte kommt aus Australien: Dort soll ein zehn Meter großer Walhai auf der Suche nach Futter einen ganzen Holzkutter nebst Fischer verschluckt haben. Anschließend gab der Riese die ungewohnte Kost wieder von sich, indem er seinen gewaltigen Magen nach außen stülpte.

Seemannslatein? Wie immer bei haarsträubenden Geschichten aus dem Alltag: Es ist etwas Wahres daran. Zunächst einmal ist richtig, daß Walhaie bis 15, in seltenen Fällen sogar 18 Meter lang werden und bis zu zehn Tonnen wiegen. Damit sind die Riesen-Haie, die in allen tropischen Weltmeeren schwimmen, die größten Fische der Erde. Wahr ist auch, daß die grauen Giganten mit den hellen Punkten keine Menschenfresser sind. Nur Plankton, Krill und kleine Fische stehen auf ihrem Speiseplan. Dieses Kleinzeug gelangt allerdings auf höchst merkwürdige Weise in den Magen des Goliath. Während der Hai mit gemächlichen vier Kilometern pro Stunde durch das nasse Element pflügt, reißt er alle 15 bis 20 Sekunden sein zwei Meter breites Maul auf (das sich nicht, wie sonst bei Haien, auf der Kopfunterseite befindet, sondern ganz vorn). Dabei saugt er jedesmal einen kräftigen Schluck Meerwasser nebst nahrhaftem Kleingetier auf. Beim Schließen seines Mega-Mundes preßt er die Flüssigkeit durch große schwammige Filter, die wie Barrieren vor den Kiemenschlitzen sitzen und alle festen Bestandteile zurückhalten. Über zwei Tonnen Seewasser pro Stunde siebt er durch. Ein Großobjekt oder gar ein Mensch würde danach vor dem Filter automatisch hängenbleiben und wieder ausgespuckt. Manchmal geschieht es jedoch – und da bekommen die Horrorgeschichten wieder Aufwind –, daß sich Unbekömmliches in den Magen des unheimlichen Schluckers verirrt. Dann krempelt er seinen Verdauungsapparat tatsächlich nebst unerwünschtem Inhalt nach außen.

Für die Babynahrung braucht der größte aller Fische seine mehr als 3000 Zähne pro Kiefer allerdings nicht. Die Beißer sind denn auch nur fünf Millimeter groß und unter dünner Haut verborgen – ein nutzloses Relikt aus Urzeiten.

Dieses Großmaul fischt am liebsten im Trüben. Wo nährstoffreiche Fluten mit 25 Grad warmem Oberflächenwasser zusammentreffen, dümpelt der Hai mehr senk- als waagerecht in der Strömung und läßt das flüssige Futter wie die sprichwörtlichen gebratenen Tauben ins Maul fließen. Manches Fischerboot hat er dabei schon zum Kentern gebracht.

Wer den gemählichen Koloß jedoch für einen tumben Fleischberg hält, irrt gewaltig. Der Walhai (Rhincodon typus) ist – wie seine übrigen 350 Genossen der Gattung Hai – hochsensibel. Gehör und Tastsinn laufen über das sogenante Seitenlinienorgan, das sich an den Flanken des Fisches entlangzieht und im Kopf verzweigt. Es enthält Tausende von Sinneszellen (Elektrorezeptoren), die alle mechanischen und akkustischen Reize (wie Druckwellen) an das zentrale Nervensystem des Tieres melden. Und sogar das kleine Auge des größten aller Fische kann noch bei Dämmerung jedes Hindernis unter Wasser ausmachen.

Wohin und wie weit die tonnenschweren Planktonfresser in den Ozeanen wandern, ist noch nicht erforscht. Man weiß lediglich, daß sie mit den warmen Meeresströmen – wie dem Golfstrom – auf Reisen gehen und bei einer Planktonschwemme am Riff urplötzlich zu Dutzenden auftauchen, als hätten sie ein geheimes Rendezvous.

Auch hat man bisher weder eine Walhai-Hochzeit noch eine Geburt beobachtet. Lediglich eine Eikapsel mit einem 37 cm großen Embryo wurde im Golf von Mexiko gefunden. War es vom Weibchen gelegt oder lediglich zu früh „geboren"? Niemand weiß es. Offensichtlich lassen sich Walhaie – eine recht seltene Spezies auf unserem Planeten – nur schwer in die Karten gucken. Was die sanften Riesen bisher immerhin vorm Aussterben bewahrt hat.

Der Walhai ist wie alle seine Verwandten der Gattung Hai hochsensibel. Selbst die vergleichsweise winzigen Augen können noch bei Dämmerung jedes Hindernis unter Wasser erkennen.

Die wilde Schwester aus dem Wald

Gehaßt, gehetzt – und fast ausgerottet. Jetzt aber ist die scheue Wildkatze wieder da.

Noch auf hundert Meter hören Wildkatzen eine Maus rascheln. Mit sichelscharfen Krallen und spitzen Säbelzähnen packen sie ihre Beute und lassen sie zur Ader. Aber mit Nachbars Mieze haben die schönen Wilden nur wenig gemein – außer einer Ur-Mutter aus der mitteleuropäischen Steppe.

Die Begegnung dauerte nicht mal zehn Sekunden: Mit geschlossenen Augen hatte die Wildkatze auf einem Felsvorsprung in der Sonne gedöst, bis sie ein Rascheln aufschreckte. Wie ein Blitz fuhr die Katze in die Höhe, starrte mit aufgerissenen Augen in Richtung Gefahr. In höchster Erregung peitschte ihre buschige Schwanzspitze hin und her, die Ohrmuscheln zuckten, während sich ihre schmalen Pupillen sekundenlang in raschem Wechsel weiteten und verengten. Alle Muskeln ihres kräftigen Körpers waren gespannt, als sie mit einem vier Meter weiten Satz in die Tiefe hetzte und im Unterholz verschwand. Sie floh vor einem Menschen.

Sonst aber ist Felis silvestris, die Wildkatze aus den lichten Mittelgebirgswäldern Europas, das mutigste, widerspenstigste und schnellste noch lebende größere Raubtier unserer Heimat – aber auch das scheueste. Eine Wildkatze erkennt man daran, daß man sie nicht sieht, witzeln die Waidmänner. Was heißt: Wer im Wald eine wilde Katze entdeckt, hat womöglich eine verwilderte Hauskatze gesehen.

Die echte Felis silvestris legte sich in der letzten Eiszeit ein dickes Fell zu und zog sich ins Mittelgebirge zurück. Ein Sonnenkind ist sie geblieben.

Die graubraune Wildkatze wiegt auch etwa ein Kilo mehr als ihre zahme Schwester, hat einen buschigen Schwanz, eine helle Nasenspitze und die typische dunkle Fellzeichnung: einen Aalstrich auf dem Rücken, Ringe an der Schwanzspitze sowie Streifen, die von Augen und Schnurrhaaren zum Hals verlaufen. Diese „Kriegsbemalung“ verleiht der schönen Wilden ihren drohenden Gesichtsausdruck.

Ohne Gnade wurde das „gefährliche Biest“ denn auch als „Lämmertiger“ und „Räuber des Waldes“ im 18. und 19. Jahrhundert aus den Bäumen geschossen. Erst 1922 erhielt die Wildkatze ganzjährigen Jagdschutz. Doch die Menschen rückten dem scheuen Schleicher weiter auf den Pelz: durch Zersiedelung der Landschaft.

Fast mausetot war der Wildkatzenbestand noch vor einem Jahrzehnt, bis Schutz- und Nachzuchtprogramme dem Leisetreter wieder auf die Beine halfen. Heute leben etwa 800 bis 1000 Tiere in den Wäldern der Mittelgebirge. Ihr Speiseplan: Über 80 Prozent der Beute sind Mäuse, nur zehn Prozent Vögel, der Rest Insekten und Käfer. Daß die geschmeidigen Mäusefänger so erfolgreich sind, verdanken sie ihrer waidgerechten Ausstattung: sichelscharfen Krallen und spitzen Säbelzähnen. Unvergleichlich aber sind die Sinnesleistungen der Katze: Ihre von über 20 Muskeln bewegten Ohrmuscheln setzt sie wie Radarschirme ein. Mit ihren nervenreichen Tasthaaren an Bart und Brauen lotet sie exakt die Umgebung aus. Und sogar im Dunklen behält sie den Überblick: Katzenaugen sind sechsmal lichtempfindlicher als unsere Augen. Sie haben eine spezielle Netzhaut, die wenig Licht optimal ausnutzt.

Unfehlbar schließlich der Gleichgewichtssinn der Baumkatze. Auch bei einem Sturz aus fünf Meter Höhe fällt sie auf die Füße. Felis silvestris, die wendige Taktikerin mit dem „sechsten Sinn“, die genau weiß, wann, wo und wie sie ihre Beute zur Strecke bringt.

Während der Ranzzeit im Februar/März verlassen die jetzt etwas geselligeren Einzelkämpfer ihr mit Duftmarken begrenztes Revier, um mit Katzenmusik auf Brautschau zu gehen. Zärtlich ruft die Kietze (das Weibchen) ihren Kuder (das Männchen). Der Katzenjammer geht so lange, bis er zärtlich „Köpfchen gibt“ und sie mauzend umschmeichelt. Die Paarung – wenige Minuten kurz – ist dagegen gerade ein Katzensprung.

Etwa 65 Tage nach der Hochzeit bringt das Weibchen allein in einem mit Laub, Moos und Haaren gepolsterten Nest zwei bis vier blinde Katzenkinder zur Welt. Zwölf Wochen schützt sie ihre Jungen und mit fünf Monaten scheucht sie die Kleinen aus ihrem Revier. Es ist Herbst. Höchste Zeit für alle, vor dem Winter noch ausgiebig auf die Pirsch zu gehen.

Zwei Monate nach der Hochzeit bringt das Weibchen in einem mit Laub und Moos gepolsterten Nest zwei bis vier Junge zur Welt. Wenn die Kleinen etwa 5 Monate alt sind, werden sie von der Mutter vertrieben.

Regel Nummer 1: Bloß kein Affentheater

Orang-Utans sind klug, leben gemütlich, streiten selten, kämpfen nie. Sie lernen sogar vom Menschen, wie man als Affe richtig lebt.

Mensch und Menschenaffe sind so eng verwandt, daß Forscher es für möglich halten – ethische Gründe stehen einem solchen Versuch selbstverständlich entgegen –, man könne beide miteinander kreuzen. Das Erbgut von Menschenaffen ist mit unserem fast vollständig identisch: Organe, Blutchemie, Schwangerschaftsdauer, Wirbelzahl – alles gleich.

Sie sehen aus wie Rübezahls Verwandte. Rothaarig, bärtig. Friedlich grunzend wandern sie durch den Wald der Tanjung-Puting-Station auf Borneo, naschen hier eine Tropenfrucht, schauen dort nach, was der Kollege macht. Affentheater ist ihnen fremd, und morgens vor acht, lange nach Sonnenaufgang, ist keiner von ihnen zu sehen. Chefin der ganzen Affenbande ist Burité Galdikas, eine Professorin, als Orang-Utan-Koryphäe weltberühmt. Nach langer Beobachtungszeit sagte sie: „Die menschliche Natur erscheint mir nach so vielen Jahren Vertrautheit mit Persönlichkeit und Würde der Orang-Utans wenig appetitlich.“ 1971 war die in Wiesbaden geborene und in den USA aufgewachsene Ethnologin nach Indonesien gekommen, um das Verhalten von Orang-Utans zu studieren. Es waren alles Waisenkinder, mit denen sie sich beschäftigte.

Es gibt nur ein paar tausend Orang-Utans auf der Welt. Dabei sind sie äußerst klug, leben gemütlich und gebärden sich zuweilen wie übermütige Teenager.

In schwindelerregender Höhe, die Kleinen Huckepack, hangeln sich Orang-Utans quer durch den Dschungel. Vier Jahre lang bleiben Orang-Utan-Babys eng bei der Mutter und lernen dabei, wie die „Erwachsenen" das Leben in der Wildnis meistern. Manchmal scheinen sie sich zu ängstigen, wie alle Kinder, wenn die Tour riskant wird.

Orang-Utans sind selten, streng geschützt und also sehr begehrt. 10 000 Mark werden auf dem illegalen Markt für ein Exemplar bezahlt. Wilderer schießen deshalb auf Borneo und Sumatra, wo allein diese Menschenaffen noch wild leben, die Mütter aus den Bäumen, rauben die Babys und verkaufen sie an kriminelle Tierhändler. Wann immer Behörden in aller Welt einen solchen Handel aufdecken, werden die Affen beschlagnahmt, nach Indonesien zurückgeschickt, in sogenannten Rehabilitationszentren großgezogen und von Menschen für ein freies Leben im Urwald trainiert.

Während Burité Galdikas das Verhalten ihrer Schützlinge im roten Pelz studierte, brachte sie ihnen an Mutterstelle bei, wie man als Affe in Bäumen klettert, wie man sich ein Schlafnest flicht, sie zeigte 300 verschiedene Pflanzen, die Orangs bekömmlich sind. Und sie lehrte sie eine Zeichensprache, in der sie mit ihnen kommunizieren konnte.

Die ganz kleinen Orang-Utan-Waisen, noch in Quarantäne-Käfigen, weinten anfangs vor Einsamkeit viel und suchten Zuwendung, indem sie ihre dünnen Ärmchen jedermann entgegenstreckten, der an ihnen vorbeikam. Über die größeren Affenkinder schrieb Frau Galdikas: „Manchmal dachte ich, ich sei von unbändigen, ungezogenen Kindern in roten Spielanzügen umgeben. Sie liebten Spielzeug und Süßigkeiten, waren von unersättlicher Neugier, verlangten unablässig Zärtlichkeit und drückten Gefühle in einer Weise aus, wie Menschenkinder es auch tun."

Kein Wunder, Mensch und Menschenaffe sind so verwandt, daß Forscher es für möglich halten, – ethische Gründe stehen einem solchen Ver-

Heranwachsende Orang-Utans sind im Gegensatz zu ihren Eltern, die meist einzeln ihr Revier durchstreifen, auch tagelang mit gleichaltrigen Sippenmitgliedern zusammen. Sie wandern gemeinsam umher, trennen sich, treffen sich wieder und manchmal streicheln sie sich gegenseitig.

such selbstverständlich entgegen –, man könne beide miteinander kreuzen. Das Erbgut von Menschenaffen ist mit unserem fast vollständig identisch, Organe, Blutchemie, Schwangerschaftsdauer, Wirbelzahl – alles gleich. Einst gab es Orang-Utans in ganz Südasien. Sie lebten in Gruppen auf dem Erdboden. Bis Menschen diese Gegend besiedelten und die friedlichen Nahrungskonkurrenten zurückdrängten. Überleben konnten schließlich nur die Orangs, die sich an eine Existenz in den Bäumen gewöhnten. Soziales Leben der 50 bis 100 Kilo schweren Affen war in den Wipfeln nicht mehr möglich. Sie sind nun notgedrungen Einzelgänger und tun sich nur zur Paarung zusammen. Zuweilen eine zirkusreife Nummer. Denn gern hängen sie sich dabei in schwindelerregender Höhe Bauch an Bauch an einen Ast, und was nicht gleich klappt, wird mit dem Fuß korrigiert.

Frau Galdikas hat beobachtet, daß die Orang-Utan-Weibchen in Freiheit nur etwa alle acht Jahre ein Junges bekommen. Im Zoo, wo sie bis zu 60 Jahre alt werden, sind es vier Jahre. Nach zehn Jahren ist ein Junges erwachsen. Es gibt nur noch ein paar tausend Orang-Utans auf der Welt. Durch Auswilderung wird versucht, den Bestand zu halten. Einige Dutzend Waisenkinder hat allein Burité Galdikas in die Wildnis entlassen. Dabei hat sie selbst ein Baby bekommen, Bin, das mit den Affen aufwuchs. Mit drei Jahren konnte Bin einen Orang-Utan perfekt imitieren. Das Kind bewegte sich auf allen Vieren und hatte sich eine Orang-Mimik angewöhnt. Einschreiten mußte die Mutter nur, wenn Bin den Affen in die Bäume folgen wollte.

Orang-Utans sind selten, streng geschützt und also sehr begehrt. 10 000 Mark werden auf dem illegalen Markt für ein Exemplar bezahlt. Wilderer schießen deshalb auf Borneo und Sumatra, wo allein diese Menschenaffen noch wild leben, die Mütter aus den Bäumen, rauben die Babys und verkaufen sie an kriminelle Tierhändler. Wann immer Behörden in aller Welt einen solchen Handel aufdecken, werden die Affen beschlagnahmt, nach Indonesien zurückgeschickt, in sogenannten Rehabilitationszentren großgezogen und von Menschen für ein freies Leben im Urwald trainiert.

Sie sehen aus wie Rübezahls Verwandte. Rothaarig und bärtig. Affentheater ist ihnen fremd. Und friedlich sind sie auch. Eine gerade Rechte ist hier eher freundschaftlich gemeint.

Mitten im arktischen Winter vollzieht sich bei Eis und Stürmen ein unglaubliches Naturwunder: Auf dem kältesten Kontinent der Erde bringen Kaiserpinguine ihren Nachwuchs zur Welt.

Brüten bei 50 Grad Kälte – reine Männersache

Robert F. Scott und seine Begleiter trauten ihren Augen nicht, als sie sich im November 1902 mit ihren Schlitten über das zerklüftete Eis der Antarktis mühten. Im Dämmerlicht des Polarfrühlings sahen die Männer Hunderte von ein Meter großen, dunklen Gestalten in der weißen Wüste stehen. Erst aus der Nähe erkannten die Südpolforscher, daß sich vor ihnen in der grimmigen Kälte sonderbare Vögel mit Stummelflügeln um die Aufzucht ihrer Jungen bemühten. – Was Scott (der später – im Januar 1912 – als zweiter Amundsen den Südpol erreichte und auf dem Rückmarsch umkam) zufällig entdeckte, hatte vor ihm noch kein Mensch gesehen: Kaiserpinguine – die südlichste und der Kälte am besten angepaßte Vogelart der Erde. Diese bis zu 30 Kilogramm schweren, flugunfähigen Vögel, die aussehen, als

hätten sie einen Frack an, scheinen ein Dasein jenseits aller Vernunft zu führen. Sie brüten dort, wo sonst kein Landtier überleben kann: an

Ein Heer von 20 000 bis 30 000 Pinguinen ist keine Seltenheit. Nach dem Schlüpfen der jungen Pinguine – das Brüten wird vom Vater übernommen – kehrt das Weibchen wohlgenährt aus der Kur zurück – mit ca. 7 Pfund Futter für seine kleine Familie.

der Küste des antarktischen Kontinents, nur 1400 Kilometer vom Südpol entfernt. Ausgerechnet im Mai, zu Beginn des arktischen Winters, legen die Weibchen der in Kolonien lebenden Vögel nach lautstarker Paarung fast gleichzeitig ihr einziges Ei. Um diese Zeit herrschen dort Temperaturen von minus 40 Grad – bei Stürmen können es sogar 50 Grad und mehr werden. Doch so ungünstig der Zeitpunkt der Familiengründung scheint, er ist perfekt geplant. Denn die großen Wasservögel brauchen für Brut und Aufzucht der Jungen insgesamt über ein halbes Jahr. Sollen also die Jungen genau zum futterreichen antarktischen Sommer selbständig werden, müssen die Eltern rechtzeitig anfangen. Und zwar mit vereinten Kräften. Und da das Legen nun mal dem Weibchen obliegt, ist das Brüten reine Männersache. Die Übergabe wird – Klima hin, Klima her – feierlich zelebriert: Kopfnicken, Trompetentöne, Gefiederpflege, Aufplustern und – ganz wichtig – gegenseitiges Zeigen der Bauchfalte, denn die soll den Nachwuchs wärmen. Nach etwa 60 Minuten ist es soweit: Mit dem Schnabel schiebt sie das Ei auf seine Füße, und er stülpt seine Wampe darüber.

60 Tage lang muß er nun den Eierwärmer spielen – und dabei fasten. Denn Futter gibt es in der Eiswüste nicht. Derweil watscheln alle Mütter im Gänsemarsch zum offenen Meer, das um diese Zeit durch einen kilometerbreiten Eisgürtel von der Küste getrennt ist. Im Wasser fressen sich die Tiere, die durch Balz und Eiablage ein Viertel ihres Körpergewichts verloren haben, erst einmal den Bauch voll. Krebse und Fische sind die Hauptnahrung der flotten Schwimmer, die bis zu 18 Minuten lang tauchen und bis zu 35 Kilometer pro Stunde schnell sein können. Das hilft ihnen, den Robben, Haifischen, Seeleoparden oder Schwertwalen zu entkommen, aber auch, sich im antarktischen Wasser, das vierzig Grad kälter ist als ihre Körpertemperatur, warmzuhalten. Zusätzlich schützt sie eine dicke Unterhautfettschicht vor der Kälte sowie ihr dunengepolstertes, wasserabweisendes Gefieder, das am Rücken mit etwa 70 Federn auf sechseinhalb Quadratzentimeter bestückt ist.

Auf dieses Wärmepolster sind auch die zurückgebliebenen Männchen angewiesen, die inzwischen auf dem Eis der klirrenden Kälte trotzen – meist dicht aneinandergeschmiegt, wodurch die Tiere in der Mitte bis zu 50 Prozent Energie sparen. Erst nach gut zwei Monaten, wenn das Küken geschlüpft ist, kehren die Weibchen wohlgenährt zur Kolonie zurück. Tausende von individuellen Erkennungsrufen erfüllen die Luft, bis jedes Weibchen sein Männchen nebst Nachwuchs wiedergefunden hat. Nun übernehmen die Mütter für einige Wochen die Küken und päppeln sie unter ihrer Bauchfalte mit vorverdautem Fisch auf.

Währenddessen marschieren die um mehr als ein Drittel abgemagerten Männchen ans Meer, um sich ihrerseits satt zu fressen. Mehrmals wechseln sich die Eltern bei der Nahrungsbeschaffung ab, bis im Dezember die Jungpinguine selbständig werden – genau dann, wenn die Eisdecke vor der Küste aufbricht und die Jungen viel Futter finden – ein perfektes Timing, ohne das Kaiserpinguine nicht überleben könnten.

So ungünstig der Zeitpunkt der Familiengründung scheint, er ist perfekt geplant. Denn die großen Wasservögel brauchen für Brut und Aufzucht der Jungen insgesamt über ein halbes Jahr. Zum futterreichen antarktischen Sommer sind die anfänglichen Wollknäuel selbständig.

Das blaue Wunder

In der Luft perfekte Piloten, in der Liebe galante Akrobaten, im Kampf mutige Angreifer: die Libellen – eine Augenweide für jeden Naturfreund.

Die schillerndsten Insekten unseres Planeten tragen so romantische Namen wie Azurjungfer, Blaupfeil, Granatauge oder Smaragdlibelle. Aber bei der Jagd erweisen sie sich trotz ihres zarten Körperbaus als angriffslustig und kämpferisch.

Die riesigen Facettenaugen haben ihr Opfer fixiert. Lautlos schwebt der Flieger heran, steht einen Moment lang mit rotierendem Flügelschlag auf der Stelle. Dann richtet er in Sekundenschnelle seinen Oberkörper auf, formt die borstigen Beine zu einem Fangkorb, mit dem er die überraschte Beute packt und zum Mund führt. Kräftige Kiefer zermalmen den Fang.
Science-fiction? Eine Filmszene mit Mutationsgrusel? Es ist die ganz alltägliche Art der Libellen, Beute zu machen.
Die schillerndsten Insekten unseres Planeten, von denen es weltweit viereinhalbtausend Arten gibt (darunter etwa 80 europäische), tragen romantische Namen wie Azurjungfer, Blaupfeil, Granatauge, Smaragdlibelle oder Feuerjungfer. Aber bei der Jagd erweisen sich die räuberischen In-

sekten als erstaunlich angriffslustig, flink und kämpferisch. Treffend nennt der Volksmund die schönen Flieger denn auch: Mückenhabichte, Teufelsbolzen, Drachenflieger, Satansnadeln, Augenstecher.

Ein Super-Sehapparat mit 10.000 bis 30.000 bienenwabig zusammengesetzten Einzelaugen sorgen bei der Libelle für einen präzisen Sichtflug, Garantie dafür, im Flug Mücken, Fliegen und andere Insekten zu erbeuten.

Ihr Geheimnis ist jedoch kein gefährlicher Stachel – wie jahrhundertelang vermutet wurde –, sondern ein hochkomplizierter High-Tech-Apparat: Von kräftigen Muskeln bewegte Flügel, die etwa 30mal pro Sekunde rotieren und außer Saltos und abrupten Bremsmanövern auch Höchstgeschwindigkeiten von über 50 Kilometern pro Stunde möglich machen; ein Super-Sehapparat mit 10 000 bis 30 000 bienenwabig zusammengesetzten Einzelaugen; ein hochentwickeltes Nervensystem, das blitzschnelle Reaktionen garantiert.
Denn nur so gelingt es den höchstens 13 Zentimeter großen Luftakrobaten, im Flug Mücken, Fliegen und andere Insekten zu erbeuten. Ihr Jagdgebiet liegt in der Nähe von Bächen, Seen, Tümpeln oder Mooren.
Die Männchen teilen sich den Uferbereich genau auf. Wenn sich zwei Rivalen in die Quere kommen, beginnt so etwas wie eine „Luftschlacht", bei der einer den anderen durch gewagte Flugmanöver abdrängt. Und was wir an schönen Sommertagen als „Libellentanz" bewundern, ist in Wirklichkeit der erbitterte Kampf um Beute und Weibchen.
Die Liebe der Libellen findet – wie die Jagd – im Flug statt. Was Männchen und Weibchen dabei an akrobatischer Verrenkung vorführen, stellt jede Zirkusnummer in den Schatten: Er biegt zuerst einen Hinter-

leib bauchwärts, damit sein Samen in die Samentasche gelangt. Dann schwirrt er über seiner Braut, greift mit Hinterleibsfortsätzen nach ihrem Kopf oder ihrer Brust. Aneinandergekettet schlagen beide dann ein Paarungsrad: Das Weibchen biegt seinen Hinterleib so weit nach vorn, daß es den Bauch des über ihm fliegenden Männchens erreicht. Die Eier der befruchteten Weibchen landen stets im Wasser: Manche Libellenarten werfen ihr Gelege einfach aus der Luft ab. Andere steigen ins kühle Naß an einem Pflanzenstengel hinab, in dessen Gewebe sie ihren Nachwuchs deponieren. Wieder andere Libellen tauchen zum Eierlegen „als Paarungsrad“ zusammen unter. Über den Sinn dieses eigentümlichen Verhaltens können Biologen nur Vermutungen anstellen: Daß sich nämlich damit für das eierlegende Weibchen die Gefahr schlicht halbiert, von Unterwasserräubern gefressen zu werden. Das Männchen, das ja seine „Pflicht“ getan hat, wird quasi als Opfer angeboten.

Einige tausend Eier legen die Weibchen mancher Libellenarten. Schon nach ein paar Wochen entwickeln sich daraus graubraune Larven, wahre Freßmaschinen, die ständig auf der Lauer sind nach kleinen Unterwassertierchen. Ihr Werkzeug ist eine gewaltige, mit Greifzangen bewehrte muskulöse Unterlippe, die „Fangmaske“, die blitzschnell Richtung Beute herausgeklappt wird. Damit fallen die unscheinbaren Larven, die meist bewegungslos im Schlamm versteckt sind, über ihre Beute her. Nur bei Gefahr rudern sie blitzschnell davon.

Etwa ein bis fünf Jahre (je nach Art) dauert das Larvenleben der heimischen Libellen. Dann stellen die Unterwasserjäger eines Tages ihren maßlosen Appetit ein und ihre Atmung um. Langsam krabbelt die Larve einen Pflanzenstengel hinauf ans Tageslicht. Schon wenige Minuten später bricht das Nymphenkleid am Rücken auseinander, und die eigentliche Libelle ist geboren. Noch müssen für einige Stunden Beine und Flügel mit Blut versorgt werden, bis der Jungfernflug beginnen kann. Wenige Wochen währt das Dasein dieser schillernden Geschöpfe, die nur aus dem schlammigen Dunkel dürfen, um sich zu paaren.

Nur wenige Wochen währt das Dasein dieser schillernden Geschöpfe, die nur aus dem schlammigen Dunkel dürfen, um sich zu paaren. Man könnte sagen, die Libelle ist nichts anderes, als das prächtige Hochzeitskleid eines graubraunen Unterwassertieres.

Nachwuchssorgen beim Baby-Boten

Pech für den Glücksbringer: Der Weißstorch, Symbol für Fruchtbarkeit, droht auszusterben – weil ihm das richtige Futter fehlt.

Viel Glück hat der Mensch seinen geflügelten Glücksbringern nicht gebracht. Von den knapp 130.000 Brutpaaren in Europa gibt es gerade noch 3559 Weißstorch-Pärchen in Deutschland. Tierschützer befürchten hierzulande sogar ein völliges Aussterben.

Am 23. August 1991 hob sich bei Steckby an der Niederelbe ein ganz besonderer Vogel in die Spätsommerluft. Auf dem Rücken trug er einen 85 Gramm leichten Rucksack und war auf dem Weg nach Afrika. Und weil sein Reisegepäck nur gut zwei Prozent seines über dreieinhalb Kilogramm schweren Körpergewichts ausmachte, schwang sich der schwarzweiße Flieger mit weit ausgebreiteten Schwingen locker in den norddeutschen Himmel. Ornithologen hatten den Weißstorch – Dienstbezeichnung „Nummer 1" - mit dem Sender Nr. 14 557 auf die Reise geschickt: einen von insgesamt sechs Jungstörchen, deren genaue Flugroute ins afrikanische Winterquartier erstmals mit Funksignalen über Satellit (Satelliten-Telemetrie) fast drei Wochen lang verfolgt werden konnte. In den insgesamt 21 Reisetagen legte Nummer 1 4704 Kilometer zurück, schaffte am Tag rund 224 Kilometer bei einem mittleren Tempo von 55 Kilometer pro Stunde. Fast in einer Ideallinie nahm er die Storchen-Ostroute gen Bosporus, umflog das Mittelmeer, zog Richtung Sinai, bis der Sender an der Grenze zum Sudan seinen Geist aufgab.

Jetzt wird das Telemetrie-Projekt von Bundesumweltministerium, Bundesforschungsanstalt für Naturschutz und Max-Planck-Gesellschaft wiederholt – mit stärkeren Sendern, die den kompletten Storchenzug verraten: die Ostroute bis nach Südafrika und die Westroute über Gibraltar nach Westafrika – und zurück.

Den Ornithologen ist nämlich trotz jahrzehntelanger Beringung der vom Aussterben bedrohten Weißstörche nicht klar, wie sich die 1,10 Meter großen Zugvögel auf ihrer bis zu 8000 Kilometer weiten Reise verhalten: Wo und wie oft rasten sie? Welche Kraftreserven haben sie? Wo werden sie aufgehalten? Soviel steht fest: Der Flug der Weißstörche von ihren europäischen Brutrevieren ins afrikanische Winterquartier und zurück ist ein Himmelfahrtskommando. Da werden Starkstromleitungen zu Todesfallen, da kollidieren die in 4000 Meter Höhe fliegenden Vögel mit Jets, da werden diese Langstreckenflieger aus Jux abgeknallt oder als „willkommenes Zubrot" gejagt.

Ohnehin schaffen nur gut genährte Störche die Marathon-Tour. Doch wo Sümpfe, Wiesen und Felder – Haupt-Jagdrevier des Stelzvogels – monotonen Kulturlandschaften weichen, wo Auen und Flußniederungen zubetoniert werden und Pflanzenschutzmittel die Fauna vergiften, findet das Langbein nicht genug Würmer, Kriechtiere, Insekten und Kleinsäuger. Besonders tragisch wirkt sich die chemische Massenvernichtung der Heuschrecken in Afrika aus. Nicht nur, daß dem Storch dadurch wichtige Nährstoffe fehlen, er frißt leider die vergifteten Insekten, die zu Tausenden tot in den Feldern liegen.

Beides scheint sich unheilvoll auf die Fortpflanzung des als „Adebar" bekannten Baby-Bringers auszuwirken. Zurück im Brutgebiet, legen die Frühlingsboten – die doch als Symbol neuen Lebens gelten – oft nicht mal die üblichen drei bis fünf Eier. Und so sieht man denn häufig nur ein oder zwei Junge im Nest hocken, das die Vögel gern auf Hausdächer bauen.

Dieser Nistplatz wird jedes Jahr mit Schnabel-Klappern gegen wohnungssuchende Artgenossen verteidigt. Klappernd begrüßen sich im Frühling auch die langjährigen Liebespartner, klappernd werden auch Nebenbuhler eingeschüchtert, und manchmal setzt es mit dem 15 Zentimeter langen roten Schnabel sogar gefährliche Hiebe. Auch lästig bettelnde Jungen werden so zum Schweigen gebracht. Ganze drei Monate lang, bis die Jungen flügge sind, müssen nämlich die Eltern Futter ranschleppen – etwa 200 Kilo pro Brutsaison. Bei schrumpfendem Lebensraum der Sumpf- und Auenvögel bleibt da so mancher Jungvogel unterernährt auf der Strecke. Keine guten Aussichten für Adebar, von dem es in Europa nur noch 128 000 (in ganz Deutschland 3359) Brutpaare gibt. Naturschützer fürchten sogar, daß im Westen Deutschlands der Weißstorch in dreißig Jahren verschwunden sein wird. – Viel Glück hat der Mensch seinen fliegenden Glücksbringern nicht gebracht.

Rund 200 Kilo Futter muß ein Storchenpaar pro Brutsaison heranschleppen, um die ständig bettelnden Jungen nach drei Monaten flügge werden zu lassen. Neben Würmern und Kriechtieren zählen vor allem auch Insekten und Mäuse zum Speisezettel des Langbeins.

Bock auf steile Gipfel

Er ist das Wappentier der Alpen: der stolze Steinbock. Dabei war er dort schon mal ausgestorben und verdankt Schmugglern seine neue Existenz.

Wenn der Berg ruft, ist er schon oben. Gewandt springt er über schwindelerregende Abgründe, galoppiert mühelos blanke Felshänge hinauf, daß selbst eingefleischte Kraxelhuber vor Neid erblassen. Kurzum – er ist der Luis Trenker der Alpenfauna: Capra ibex ibex, der Alpensteinbock, der zwischen 2000 und 3000 Meter Höhe Bock auf jeden Gipfel hat.

Daß die bis 1,70 Meter großen Huftiere aus der Familie der Wildziegen am steilen Fels sogar Gemsen unter sich lassen, verdanken sie einer perfekten Anpassung an ihren unwegsamen Lebensraum. Selbst dort, wo an den Abhängen nicht mal mehr der Schnee liegenbleibt, finden die Kletterkünstler noch Halt – dank ihrer Hufe, die wie Spezial-Bergschuhe beschaffen sind: vorn zugespitzt mit zwei beweglichen Zehen ausgestattet, greifen sie wie Steigeisen in jede Unebenheit; an den Seiten scharfkantig mit leicht überstehenden Hornrändern versehen, bewahren sie – wie Stahlkanten den Skifahrer – die bis zu 120 Kilogramm schweren Tiere vor dem Abrutschen am Steilhang. Zwischen den Hornkanten befinden sich gummiweiche Fußballen, ideale „Turnschuhe" zum Abfedern, Bremsen und Stoppen. Damit verbringen die vierbeinigen Alpinisten bis zu sieben Meter weite Sätze von Fels zu Fels. Mit sogenannten Double-pas-Sprüngen jumpen sie sogar fünfzig Meter tiefe Kamine rauf und runter, wobei sie sich mit federnden „Prallsprüngen" von Wand zu Wand katapultieren, so daß der Berg zum Sprungbrett wird. Dabei müssen die Tiere auch noch mit einem vier Kilogramm schweren Gehörn herumjonglieren – ein Balanceakt, den die Steinböcke mit Hilfe ihres ausgezeichneten Gleichgewichtssinn spielend meistern. Dank dieser Kletterkunst konnten die Steinböcke jahrhundertelang natürliche Feinde wie Luchs und Wolf mit ein paar Sprüngen am Berg abhängen. Eine Fluchtdistanz von nur wenigen Metern genügte ihnen. Bis der Mensch kam. Mit Armbrust, Vorderlader und Gewehr schoß er die Böcke aus den Steilwänden – und ließ sich dafür auch noch feiern. Doch es ging nicht nur um Waidmannsehre, sondern auch um Profit. Denn unsere Altvorderen hatten bereits im Mittelalter den kraftvollen Steinbock als „springende Apotheke" entdeckt. Sein Gehörn sollte ihre Potenz erhöhen, sein Herz den Kreislauf kräftigen, sein Blut Blasensteine auflösen, sein Kot ihren Ischias beseitigen. In Salzburg und Berchtesgaden unterhielten die dortigen Bischöfe vor rund 300 Jahren regelrechte Steinwild-Apotheken – bis Mitte des vorigen Jahrhunderts der letzte Steinbock im Alpenraum ausgerottet war. Nur im Gran Paradiso, dem königlich italienischen Jagdreservat, überlebten die letzten 50 bis 100 Tiere, überwacht von 150 Wildhütern. Dennoch konnten ein Bock und zwei Geißkitze 1906 in die Schweiz geschmuggelt werden – Stammvater und -mütter der heutigen wilden Steinböcke in den Alpen. Insgesamt fast 10 000 der schmukken Hornträger sind es bis jetzt. Für Capra ibex ibex eine erstaunliche Leistung. Denn die gehörnten Alpenkönige kraxeln zwar oberhalb der Waldgrenze fleißig auf und ab, verlassen aber selten ihr angestammtes Bergmassiv. In kleinen Rudeln – Geiße mit Kitzen, getrennt von den Böcken – folgen sie im Frühjahr auf der Suche nach frischem Grün der Schneegrenze. Im Juni – wenn die Alpenflora im besten Saft steht – setzt Mutter Geiß ihr Kitz. Bei einer Tragzeit von 165 bis 170 Tagen fällt also die Brunft mitten in den tiefsten Winter. Dann haben sich die dickfelligen Bergsteiger in die mittleren Felsregionen zurückgezogen. Dort, wo die winterliche Bergsonne an die schroffen Steine knallt und der dünne Pulverschnee sich leicht mit einigen Hufschlägen von den letzten Pflanzenbüscheln kratzen läßt, halten die hartgesottenen Gratwanderer Hochzeit. Und plötzlich sieht man die sonst so stolzen Böcke mit schmachtendem Streckrücken, zurückgelegtem Kopf, hochgezogener Lippe und flippernder Zunge bei den Geißen um Liebe flehen. Ein Anblick, bei dem niemand mehr an einen kühnen Alpinisten denken mag.

Wenn der Berg ruft, ist er schon oben. Gewandt springt er über schwindelerregende Abgründe, galoppiert mühelos blanke Felshänge hinauf, so daß er seine natürlichen Feinde wie Wolf und Luchs stets abhängen konnte – bis schließlich der Mensch kam ...

Flink, fleißig – und vergeßlich

Unablässig huscht das Eichhörnchen umher, sammelt Nahrung und legt Depots an – die es häufig nicht wiederfindet.

In der Mythenwelt der alten Germanen spielte das Eichhörnchen eine miese Rolle: Auf dem Weltbaum Yggdrasil eilte es zwischen dem Adler im Wipfel und der Schlange bei den Wurzeln hin und her und säte Zwietracht zwischen dem Symbol des Geistigen und dem des Irdischen.

Trotz der Schurkenrolle in diesem gewichtigen Spiel: viel Ehre für ein 200 bis 400 Gramm schweres Tierchen, das von der Natur weder viel Intelligenz noch die Gabe zu sozialem Leben mitbekommen hat. Was hier fehlt, muß das Eichhörnchen mit Flinkheit und Fleiß wettmachen, sein Dasein als notorischer Einzelgänger macht es anfällig für Beutegreifer. Was gemeinhin als putziger kleiner Nußknacker gilt – Eichhörnchen sind bei Kindern ebenso beliebt wie Teddybären –, ist in Wahrheit ein harter Überlebenskämpfer. Nüsse sind schon ein wichtiger Nahrungsbestandteil der Eichhörnchen, aber neben Tannen-Samen, Bucheckern und Eicheln fressen sie auch Rinde, Pilze, Vogeleier und sogar Jungvögel. Im Herbst müssen Eichhörnchen Vorräte für den Winter anlegen. Bis zu 12 000 Nüsse verstecken die Tiere, doch dann vergessen sie ihre Depots. Nur ein Drittel von ihnen finden sie wieder – aus den Zwischenräumen der Baumwurzeln, aus Erdlöchern oder Fuchsbauen wächst dann später eine neue Tanne, Buche oder Eiche –, Eichhörnchen sind wichtig für den Nachwuchs im Wald.

Im Winter lassen es die Eichhörnchen ruhig angehen. Die meiste Zeit verbringen sie allein in ihrem runden, ringsum geschlossenen Nest, das innen mit Laub und Moos weich ausgepolstert ist. Eichhörnchen schlafen dann viel, aber sie halten keinen Winterschlaf – die Körpertemperatur sinkt nicht ab, die Atemfrequenz bleibt bei 70mal pro Minute. Weil sie sich dann wenig bewegen, brauchen sie auch weniger Nahrung. Und die müssen sie, vergeßlich, wie sie sind, dort suchen, wo sie ein Depot vermuten: Sie schauen im Wurzelbereich der Bäume nach, in Astlöchern, gucken in leere Vogelnester – ob sie ihre Vorräte wiederfinden, ist Glücksache.

Bis zu zehn Hektar umfaßt das Revier eines männlichen Eichhörnchens, das der weiblichen Tiere ist kleiner. Und kein Artgenosse wird im Revier geduldet. Eichhörnchen

Samen aus Tannenzapfen, Nüsse, Bucheckern, auch Vogeleier, sogar Jungvögel im Nest – Eichhörnchen, rote wie schwarze, sind Allesfresser.

sind aggressive Einzelgänger, sie sind untereinander bemerkenswert asozial, sogar zänkisch. Gruppenleben kennen sie nicht.
Ihre Bindungslosigkeit wird vor allem während der Paarungszeit sichtbar. Das Weibchen bekämpft zunächst den werbenden Eichkater, dann flieht es vor ihm davon; oft geht die Verfolgung über Tage, bis schließlich zur Paarung im Nest des Weibchens.
Zärtlichkeiten sind ihnen fremd, und Körperkontakt dulden sie nur für die Art und Weise und für die kurze Zeit, die unmittelbar der Fortpflanzung dient. Danach jagt das Weibchen das Männchen sofort davon. Es kann sich kurz darauf wieder paaren – aber ob es dann das gleiche Männchen ist, darauf legt das Weibchen keinen Wert. Deshalb ist es möglich, daß die bis zu fünf Jungen, die 38 Tage später geboren werden, von verschiedenen Vätern abstammen.
Die Jungen kommen als Nesthocker unbehaart und blind zur Welt, sie sind nur knapp zehn Gramm schwer. Die Augen öffnen sie erst nach vier Wochen. Neun Wochen werden sie gesäugt, und erst dann lernen sie, was später ihre Nahrung sein wird, indem sie der Mutter Nahrungsbrocken aus dem Maul fischen. Nach spätestens einem Vierteljahr scheucht die Mutter ihre Jungen aus dem Nest und läßt sie auch trotz kläglichen Geschreis nicht mehr rein. Und auch später will sie nichts mehr mit ihnen zu tun haben. Theoretisch kann ein Eichhörnchen-Paar in fünf Jahren 1500 Nachkommen haben. Aber die braucht die Art auch. Denn Marder und Greifvögel dezimieren sie schwer. Es ist erregend zu beobachten, wie ein Marder ein Eichhörnchen durch die Wipfel jagt. In aberwitziger Geschwindigkeit hetzen die Tiere durchs Geäst, springen von Baum zu Baum, und manchmal kann das Hörnchen sich nur vor dem Verfolger retten, indem es 20, 25 Meter in die Tiefe springt. Der lange, buschige Schwanz bremst den Fall dabei so sehr ab, daß dem Tier beim Aufprall meist nichts passiert.
Ebenso stark werden die Eichhörnchen von schnellen Habichten bedrängt, die diese Tiere regelrecht von den Ästen pflücken. Bussarde und Eulen schlagen eher am Boden zu. Eichhörnchen sind, wie Mäuse, Nahrungsbasis für viele Raubtiere. Und deshalb bestimmt ihre Zahl, wie viele Räuber existieren dürfen. Auch nach der Epoche der Germanen, in der Neuzeit, war das Eichhörnchen Gegenstand allerlei Aberglaubens. Das abstruseste Beispiel: Frauen, die während der Schwangerschaft Eichhornbraten essen, bekommen nur schwindelfreie Kinder.

Eichhörnchen haben bei Kindern das Teddybär-Image als Schmusetier. Sie selbst aber haben für Zärtlichkeiten gar nichts übrig, sie können Artgenossen nicht leiden.

Es muß nicht immer Kaviar sein . . .

. . . Lachs tut's auch. Amerikanische Braunbären sind die größten Landraubtiere der Erde – Allesfresser, aber auch Feinschmecker.

Old Shatterhand hat es so erlebt: „Ich sprang auf das Ungeheuer zu. Schon war Winnetou hinter dem Busche hervorgetreten und stand mit gezücktem Messer hinter dem Bären. Dieser hielt inne und richtete sich auf, kopfshöher noch als ich. In diesem Augenblicke stieß der Apache zu. Das Ungetüm wankte, als ob es stürzen wolle, drehte sich aber ganz unerwartet um und streckte die Pranken nach Winnetou aus. Jetzt war sein Leben in Gefahr. Ich stand sofort hinter dem Bären und stach zu. Vierzig Sekunden stand der alte 'Ephraim' unbeweglich still, dann brach er zusammen und rührte sich nicht mehr."

Vierzig Jahre sei das erdolchte Ungeheuer alt gewesen und zehn Zentner schwer. Damit aber hat Karl May alias Old Shatterhand seinen Lesern einen zu gewaltigen Bären aufgebunden. Denn ein wirklicher Grizzly, der Braunbär aus Nordamerika, gilt mit sechs Zentnern Gewicht und zweieinhalb Metern Größe als riesig und mit dreißig Jahren als sehr alt.

Welch gewaltige Kraft aber entwickeln die Tiere aus diesen Proportionen: Im Yellowstone-Nationalpark erschlug ein Grizzly einen drei Zentner schweren Schwarzbären mit einem einzigen Prankenhieb. Das Opfer flog fünf Meter durch die Luft gegen einen Baum und blieb tot liegen. Der Biologe Douglas Chadwick beobachtete einen Grizzly, der einen geschlagenen Bison, eine halbe Tonne schwer, zwischen den Zähnen davonschleppte und dabei gelegentlich in einen leichten Trott verfiel. Ein Grizzly kann so schnell laufen, daß er einen flüchtigen

Grizzlys leben als Singles in den Weiten Kanadas und Alaskas, ohne jemals einem Menschen zu begegnen. Nur in der Ranzzeit kommen die Bären zusammen, paaren sich mehrmals und gehen dann wieder ihrer Wege. Den Winter verbringen sie in einer Höhle bei verminderter Körpertemperatur und verlangsamtem Herzschlag.

Hirsch einholt, und einem Büffel bricht er mit einem Schlag das Genick. Und dennoch: Nach solcher Beute steht einem Grizzly nur selten der Sinn. Obwohl er dazu noch ein mächtiges Raubtier-Gebiß hat, frißt er lieber Gräser und Pilze, Beeren und kleine Nager, Honig und – wenn die Lachse wandern – Fisch. Und schon gar nicht steht ihm der Appetit nach Mensch. Seit der Jahrhundertwende wurden in den USA (ohne Alaska) nur 14 Menschen von Grizzlys getötet, alles Unfälle, durch Leichtsinn verursacht. Wer gegen den Wind durch den Wald schleicht und dann unverhofft einer Bärin mit Jungen gegenübersteht, darf sich über einen Angriff des erschreckten Muttertieres nicht wundern. Und wer im Bärengebiet am offenen Feuer Steaks brät und gar noch die Reste im Zelt aufbewahrt, muß auf ungebetenen Besuch gefaßt sein. Denn lieber noch als Heidelbeeren und Honig frißt der Grizzly, was Menschen zubereitet haben. Jahrelang plünderten in den US-Nationalparks die sonst menschenscheuen Bären Mülltonnen auf der Suche nach Joghurt-, Hähnchen- und Hot-Dog-Resten, bis die Parkverwaltungen aus Sicherheitsgründen jeden Abfall sofort eingruben. Danach sind die Grizzlys in die umliegenden Orte gewandert und haben dort auf Veranden und in Hinterhöfen rumort, immer auf der Suche nach Essensresten vom Menschen. Mal um Mal wurden solche Tiere eingefangen und mittels Hubschrauber in weit entlegenen Gebieten ausgesetzt. Doch viele kamen wieder. Es gibt regelrechte Müll-Junkies, die süchtig nach menschlichen Abfällen sind und die auch nach Erziehungsmaßnahmen nicht vom Abfall lassen wollen. Die kommen dann in den Zoo.

Die Tierfilmer Ernst Arendt und Hans Schweiger haben die Spuren eines Grizzlys besichtigt, der auf der Suche nach Nahrung in ein Blockhaus eingebrochen war und einen Kanister Petroleum ausgesoffen hatte. Der zwangsläufige Durchfall war so bärenstark, daß die ganze Hütte vom Boden bis – buchstäblich – zur Decke verunreinigt war.

Solche Begegnungen sind selten. Der typische Grizzly lebt wie Tausende seiner Artgenossen in den Weiten Kanadas und Alaskas und hat noch nie Spuren vom Menschen gesehen. Den Winter verbringt er im Halbschlaf in einer Höhle bei verminderter Körpertemperatur und verlangsamtem Herzschlag. Im Sommer und Herbst lebt er in einem Schlaraffenland voller bunter Beeren, edler Pilze und fetter Fische. „Glückspilz" nannte der Tierfilmer Doug Peacock einen Bären, der stundenlang und selbstvergessen in einem flachen See saß, in das sonnendurchschienene Wasser pustete und dann mit der Tatze nach den Luftblasen schlug. Grizzlys leben als Singles, und nur in der Ranzzeit kommen sie zusammen. Dann paaren sie sich mehrmals bis zu dreißig Minuten lang und gehen dann wieder ihrer Wege. Die meist zwei Jungen, im Winter geboren, sind winzig und wiegen nicht einmal ein Pfund. Doch die rührende Pflege der Mutter und der mit Nahrung gesegnete Sommer machen sie rasch groß und fett; vor dem nächsten Winter wiegen sie schon 50 Kilo. Mit vier Jahren sind sie ausgewachsen und ihren Feinden fürchterliche Gegner.

Wenn der phantasievolle Erzähler Karl May wirklich einen Grizzly mit dem Messer angegriffen hätte, dann wäre er hinterher kaum mehr in der Lage gewesen, den Unsinn zu schreiben, er und Winnetou hätten mit zwei Stichen einen ausgewachsenen Grizzly getötet.

Obwohl der Grizzly ein mächtiges Raubtiergebiß besitzt, frißt er lieber Gräser und kleine Nager, Honig, Früchte und – wenn die Lachse wandern – vor allem Fisch.

Unsere armen Verwandten

Die letzten 280 Berggorillas gibt es im Regenwald Ruandas. Nur der Tourismus sichert ihr Überleben.

Um das Jahr 1600 begab sich der Abenteurer Eduard Lopez ins Innere Afrikas und vernahm dort von einem „Scheusale" namens „Pongo", das zwar den Gliederbau und das Antlitz eines Menschen habe, aber: „Sein Verständnis ist nicht größer als das eines Viehes. Haben die Eingeborenen nachts ein Feuer angezündet, so erscheinen die Pongos am Morgen, sobald jene das Feuer verlassen, und sitzen am Feuer, bis dasselbe ausgeht. Oft vereinigen sie sich zu Gesellschaften und töten manchen Neger; oft auch überfallen sie Elefanten und schlagen dieselben so mit ihren mächtigen Fäusten, daß sie brüllend davonlaufen."

Gut 350 Jahre später sagte Dian Fossey, eine hingebungsvolle Gorilla-Forscherin und -Schützerin, über die Berggorillas, alias Pongos: „Sie sind einmalig edle Kreaturen."

Allenfalls Schimpansen, so haben Feinstuntersuchungen ergeben, sind den Menschen näher verwandt als Gorillas, deren Erbgut zu rund 99 Prozent unserem identisch ist. Sie sind Verwandte, deren Blut dem unseren extrem ähnlich ist, deren Organe nach Gestalt, Lage und Aufbau unseren gleichen. Allerdings sind sie erheblich höher als wir: aufgerichtet und mit durchgedrückten Knien bis zu 2,30 Meter hoch. Und ein ausgewachsener Gorillamann wird vier Zentner schwer. Sie sind wie wir behaart, nur eben stärker. Und kein Menschenmann wird sich wie sie im Urwald auf die Brust trommeln. Aber wie Menschen sind sie das ganze Jahr über zeugungs- und empfängnisfähig, nach knapp neun Monaten bekommen sie ein hilfloses Junges, das allerdings schon mit sechs bis sieben Jahren, weiblich, und neun bis zehn Jahren, männlich, geschlechtsreif wird. Sie leben in Gruppen von drei bis dreißig Tieren im Wald, aber nur die Kinder, wie bei uns, klettern in die Bäume. Wenn die Sonne aufgeht, bleiben sie noch ein Stündchen liegen und dösen, und erst wenn der Chef der Gruppe, meist ein mächtiger Kerl mit einem Haarstreifen auf dem Rücken („Silberrücken„), das Signal gibt, bricht die Gruppe zum Frühstück auf.

Bis zu 15 Kilo vegetarische Nahrung schaufeln sie sich im Lauf eines Tages rein: Sellerie, Blätter und anderes Grünzeug. Und sie gehen so verträglich miteinander um, daß man die enge Verwandtschaft zum Menschen kaum glauben kann. Sie streiten sich weder ums Futter noch um die Rangfolge. Es wurde beobachtet, wie ein mächtiger Silberrücken geschehen ließ, daß sich zwei Meter neben ihm ein rangniederer Mann mit einer Gorillafrau paarte.

Es gibt nur zwei Gorilla-Unterarten. Die Flachlandgorillas in Äquatorialafrika, deren Bestand nicht gefährdet ist, und die Berggorillas. Sie haben eigentlich keinen natürlichen Feind, trotzdem war der Bestand der Berggorillas in den 80er Jahren auf 280 heruntergekommen. Eine viertel bis eine halbe Million Dollars wurde in den siebziger Jahren für einen ausgestopften Berggorilla bezahlt. Kein Wunder, daß einheimische Wilderer unseren armen Verwandten mit den stets traurigen Augen nachstellten.

Vorläufige Rettung kam erst, als der Staat Ruanda ein für die Touristen zugängliches Schutzgebiet einrichtete, das bis nach Zaire und Uganda reicht. Seither hörte das Töten erst mal auf. 2000 Dollars und mehr zahlten Tierliebhaber auf dem Schwarzmarkt für eins der limitierten Tickets für den Park.

Der Gorilla-Tourismus wurde die drittgrößte Einnahmequelle des Landes, das seinen schwarzbehaarten Goldschatz von Wildhütern scharf bewachen ließ. Die Touristen unterlagen strengen Regeln im Umgang mit den Tieren, deren Zahl wieder anstieg und deren Verhalten sich durch die tägliche Präsenz der Menschen nicht verändert hat. Wissenschaftler vor Ort versuchten, aus der Beobachtung von Gorillas Rückschlüsse auf die Ursprünge von uns Menschen zu ziehen. Alles ging gut. Bis 1991 der Bürgerkrieg in Ruanda auch das Gorilla-Gebiet erreichte. Die Wissenschaftler wurden vertrieben, ihre Einrichtungen zerstört. Touristen blieben aus. Und: Die Gorillas gerieten ins Kreuzfeuer, traten auf Minen und flohen vor dem Kriegslärm.

Die Situation ist unübersichtlich. Um die Intelligenz der Gorillas zu untersuchen, benutzte die US-Psychologin Francine Patterson eine Taubstummensprache, in der sie mit „Koko", einem Gorillakind, kommunizierte, bis ins Philosophische hinein. Ein Beispiel. Patterson: „Koko, wohin gehen die Gorillas, wenn sie sterben?" Koko: „Bequemes Loch adieu."

Gorillakinder ähneln in vieler Hinsicht Menschenkindern: Sie klettern gerne auf Bäume und spielen in der Sonne. Anders bei den Lieblingsspeisen: Junge Gorillas bevorzugen rohe Vogeleier, Vogelküken und Insekten.

Wenn die Kraniche ziehen . . .

. . . sind die Nächte erfüllt von ihren weithin hallenden Fanfarenrufen. Aus der Einsamkeit skandinavischer Moore kommend, überfliegen sie alljährlich in großen Geschwadern unser Land mit Kurs auf Afrika.

Schatten gleiten heran, setzen in weitem Bogen zur Landung an. Majestätisch schreiten die langbeinigen Vögel über die sumpfige Wiese, recken ihre schlanken, schwarzweiß gestromten Hälse gen Himmel, verneigen sich, öffnen ihre 2,20 Meter breiten Schwingen. Plötzlich ertönt ein trompetenartiger Ruf: Die Hochzeit der Kraniche beginnt.

Mit flatternden Schmuckfedern zieht ein Männchen alle Register seiner Verführungskunst. In wilden Luftsprüngen tanzt es um die Auserwählte herum, erst in weiten Kreisen, dann Zickzack in immer enger werdenden Schleifen, bis die Braut ihn endlich erhört. Mit klangvollen Fanfaren endet der leidenschaftliche Hochzeitstanz.

„In zwei Tagen legt das Weibchen zwei grün-grau gesprenkelte Eier, dann beginnt das Paar etwa 28 bis 30 Tage lang zu brüten“, sagt Thomas Neumann, Biologe beim WWF (World Wide Fund for Nature), mit dem ich das Natur-Schauspiel im schleswig-holsteinischen Kreis Lauenburg beobachtete. Getarnt von Büschen und Schilf haben wir uns bis auf wenige Dutzend Meter an die Balz-Show herangerobbt. Näher wagen wir uns nicht, denn Kraniche sind äußerst scheu, ihre Reviere streng geschützt.

Kaum mehr als 100 Paare dieser mit 1,30 Meter größten europäischen Stelzvogelart mit dem zoologischen Namen Grus grus leben heute in der Bundesrepublik. Sie nisten in Sümpfen, Mooren und Feuchtwiesen im östlichen Niedersachsen, in Schleswig-Holstein und vor allem in Mecklenburg-Vorpommern.

Jetzt aber sind sie auch dort in Gefahr: Seit der Vereinigung Deutschlands

Der Kranich gilt als Glückssymbol, wurde zum Vorbild für Treue, Pflichterfüllung und Klugheit. Die alten Chinesen glaubten sogar, daß die Vögel die Seele der Verstorbenen in den Himmel trügen.

kommen immer mehr Menschen in die Kranich-Lebensräume. Neumann: „Wo früher die Vögel ungestört brüten konnten, tummeln sich jetzt die Besucher." Auch für die zwanzig Kranichpaare im ehemaligen Grenzstreifen ist die Ruhe vorbei.

In den alten Bundesländern waren die Kraniche fast schon mal ausgestorben. Auf einen kümmerlichen Rest von nur siebzehn Paaren war 1972 ihr Bestand geschrumpft. Der Grund: Wiesen wurden zu Ackerland, Sümpfe trockengelegt, Moore zubetoniert. Zum Glück nicht alle. Naturschützer kauften Feuchtgebiete auf, stellten zerstörte Nistgebiete wieder her. Der Kranich konnte überleben.

So wie in Skandinavien. Dort findet der europäische Kranich – es gibt etwa 10 000 Paare – noch einen relativ intakten Lebensraum. Jeweils im Herbst sammeln sich die Tiere und ziehen – wie auch ihre „Kollegen" aus unseren Breiten – über Deutschland und Frankreich in die Winterquartiere nach Spanien oder Nordafrika.

Im März kehren sie zurück. Um Energie zu sparen, reisen die Zugvögel in keilförmigen Schwärmen von meist zwanzig bis hundert Tieren. Ihr Tempo: fünfzig bis sechzig Kilometer pro Stunde.

Oft jedoch erreicht der Zug der Kraniche nie sein Ziel. Viele Tiere verunglücken an Überlandleitungen, andere werden abgeschossen oder finden keine Ruhe an ihren traditionellen Rastplätzen. Einer davon ist die Lagune von Gallocanta, ein flacher Salzsee im Nordosten Spaniens. Hier lassen sich bis zu 27 000 Kraniche nieder. Für Zoologen ein Schauspiel, für die Landwirte ein Alptraum: Oft stürzen sich fünfhundert Vögel auf ein Feld, um die frische Saat wegzupicken. Ernteausfälle bis zu 60 Prozent beklagen die Bauern, die mit Flinte, Feuer oder Böllerschüssen bereits zur Selbsthilfe greifen.

Die größte Gefahr droht den Zugvögeln am Ziel ihrer Reise: im Brutgebiet. Zwar baut Grus grus sein Nest in unzugänglichen Sumpfzonen, um sich vor Wildschweinen, Füchsen, Hunden oder Menschen zu schützen. Doch die Jungvögel sind Nestflüchter, die sich nach dem Schlüpfen sofort selbst versorgen müssen. Mit Insekten, Würmern oder Schnecken, die in dem geschrumpften Lebensraum rar geworden sind.

Wer vom Nachwuchs überlebt, ist nach zehn Wochen flügge. Dann suchen die Vögel ihre Nahrung auf Wiesen – und frisch gesäten Feldern. Dennoch gelten Kraniche als Symbol des Glücks für die Menschen. Die größten flugfähigen Vögel – die besonders wachsam sind und schon kleinste Veränderungen aus großer Entfernung wahrnehmen – wurden zum Vorbild für Treue, Pflichterfüllung und Klugheit. Die alten Chinesen glaubten sogar, daß die Vögel die Seele der Verstorbenen in den Himmel trügen. Noch heute sehen viele Menschen in den Tieren ein Sinnbild für ein langes, gesundes Leben. Wo die fliegenden Weltenbummler sich niederlassen, ist denn auch die Natur noch intakt. So bietet sich uns im Licht der untergehenden Sonne eine Idylle: Langsam wandert das Kranich-Paar zum Nachtquartier ins Moor. In der Dämmerung scheinen die Vögel mit den schimmernden Birken zu verwachsen, bis sie verschwunden sind.

Kraniche reisen 4 000 Kilometer, um Hochzeit zu halten. Mit federnden Beinen, flatternden Schmuckfedern und ausgebreiteten Schwingen beginnt ihr leidenschaftlicher Balztanz, der mit klangvollen Fanfarenrufen schließlich sein Ende findet.

Naturschutz als positive I

ebensphilosophie

Heinz
Sielmann
Stiftung

Heinz
Sielmann
Stiftung

„Was bedeutet Wohlstand?"

„Im Supermarkt alles kaufen zu können oder dem bunten Treiben der Schmetterlinge zuzusehen und den frischen Duft einer Sommerwiese einzuatmen?“

Ich bin ein Leben lang in der Natur tätig und setze mich leidenschaftlich für ihre Erhaltung ein. Jeder Mosaikstein, den ich für den Naturschutz setzen kann, ist für mich eine beglückende Bereicherung, ein Zugewinn an Lebensqualität. Dieses Bewußtsein möchte ich möglichst vielen Menschen weitergeben. Deshalb traf ich zusammen mit meiner Frau Inge die Entscheidung, eine eigene Stiftung zu gründen und unser Kapital dort einzubringen, wo wir es in unserem Sinne genutzt wissen, zumal unser Sohn 1978 im Alter von 24 Jahren bei einem Unfall ums Leben kam und wir keine Erben haben.

Am 1. Juni 1994, einen Tag vor meinem 77. Geburtstag, stellten wir unsere Stiftung und deren Ziele im Berliner Zoologischen Garten der Öffentlichkeit vor. Die überwältigende Resonanz bestärkte mich, meine neue Aufgabe mit Leben zu füllen, und mit meinen Anliegen für die Stiftung, deren Ziele sich auf drei Säulen stützen, richtig zu liegen. Zum Ziel meiner Stiftung habe ich das Resumee meines lebenslangen Schaffens in der Natur gewählt: „Naturschutz als positive Lebensphilosophie“.

Erstes Ziel: Letzte Refugien bewahren

Das erste Ziel ist, letzte Refugien zu bewahren. Bereits 1988, als ich kurz vor der Wende den Film „Tiere im Schatten der Grenze“ drehte, war ich entschlossen, meine Bemühungen um den Schutz der Natur mit einer eigenen Stiftung zu krönen. Im ehemaligen Grenzstreifen zwischen Ostsee und Thüringer Wald fand ich eine beglückende Zahl und Vielfalt selten gewordener Tier- und Pflanzenarten. Nur weil zu DDR-Zeiten kaum Menschen in dieses Gebiet eingedrungen waren, wurde die Natur in diesem Bereich geschont. Auch mich hatten die historischen Ereignisse erschüttert, der unmenschliche Schießbefehl an der deutsch-deutschen Grenze, als Naturschützer aber durfte ich mich über eines der letzten Refugien unserer Heimat freuen. Ich möchte dieses Gebiet vor dem wachsenden Massentourismus und den nur teilweise notwendigen wirtschaftlichen Veränderungen schützen

und in enger Zusammenarbeit mit kompetenten Wissenschaftlern möglichst noch viele schützenswerte Gebiete unserer Heimat bewahren. Naturschutzwarte sollen dafür sorgen, daß der Ausflug in die Natur nicht zum Widerspruch wird. Nur sachkundige Führungen mit fachkundigem Kommentar können eine Zerstörung dieser Reservate verhindern. Ich möchte ein Netz naturnaher und artenreicher Gebiete knüpfen und es mit ausgebildetem Personal vor Ein- und Übergriffen von außen schützen.

Ich will keinen Alleingang starten. Es geht mir allein um die Sache. Eine Zusammenarbeit mit anderen Naturschutzverbänden wie dem BUND, dem NABU, der SDW oder dem WWF halte ich für besonders wirksam und wünschenswert.

Zweites Ziel: Junge Menschen für den Naturschutz begeistern

Das zweite Ziel meiner Stiftung besteht darin, Kinder und Jugendliche für die Natur zu begeistern. Diese Aufgabe liegt meiner Frau und mir besonders am Herzen und bildet einen Schwerpunkt unserer Stiftungsarbeit. Während meines langen Schaffens habe ich dreißig Filme gedreht, die in Schulen gezeigt werden.

Die rasante Entwicklung in der Natur hat mich gelehrt, wie wichtig es ist, junge Menschen an einen positiven Umgang mit der Natur heranzuführen. Später werden viele dieser Kinder und Jugendlichen schützen, was sie kennengelernt und liebgewonnen haben.

Fotos von links nach rechts:

Bei der Vorstellung meiner Stiftung am 1.6.1994 im Berliner Zoo: Dr. H. Frädrich, ich, Prof. Dr. Dr. h.c. H-G. Klös, meine Frau Inge, Dr. U. Klös

Am 2.6.1994 weihten meine Frau und ich die Geschäftsstelle der Heinz Sielmann Stiftung in Hannover ein.

Auewälder gehören zu den letzten Refugien unserer Heimat.

Kinder lernen in der Natur.

Heinz
Sielmann
Stiftung

Ein erstes Naturparadies in Duderstadt

Die Planungen für das erste modellhafte „Heinz-Sielmann-Naturschutzparadies“ in der mitten im herrlichen Eichsfeld gelegenen Stadt Duderstadt sind fast abgeschlossen. Die engagierten Stadtväter haben mir das Gut Herbigshagen und die angrenzenden Ländereien gegen eine geringe Pacht zur Verfügung gestellt. Hier können die Kinder in der Natur in teilweise noch unberührter Umgebung die Natur erleben: lernen und kräftig mit anpacken.

In diesem Naturparadies sollen schon bald die ersten Erlebnistage für naturbegeisterte Kinder und Jugendliche stattfinden. Der Aufenthalt in der Natur soll ihnen vor allem Spaß machen. In den „Heinz-Sielmann-Naturschutzparadiesen“ soll ein positiver Umgang mit der Natur auf spielerische Art gelehrt werden. Sachkundige Führer sollen die Kinder in die Umgebung führen, wo sie unter fachlicher Betreuung beim Anlegen von Biotopen wie Wiesen, Tümpeln und Weihern oder beim Errichten von Nisthilfen für Vögel wirksamen Naturschutz praktizieren.
Zur Konzeption der Erlebnistage gehört auch der Umgang mit Videokamera und Fotoapparat, um die Natur genauer und bewußter wahrzunehmen.

Drittes Ziel: „Heinz Sielmann-Archiv des Naturfilms"

Das dritte Ziel meiner Stiftung ist der Aufbau des „Heinz-Sielmann-Archiv des Naturfilms". Während meiner jahrzehntelangen Tätigkeit als Tier- und Naturfilmer habe ich umfangreiches und qualitativ hochwertiges Film- und Fotomaterial geschaffen, das ich durch den Aufbau eines systematischen Archivs für kommende Generationen nutzbar machen möchte.

Gemeinsam für eine gute Sache

Schon jetzt können wir auf erste Erfolge zurückblicken. Für eine erfolgreiche Arbeit ist die Mobilisierung breiter Bevölkerungsschichten, die wir unter anderem durch das Fernsehen erreichen, wichtig. Meine Zusammenarbeit mit dem privaten Fernsehsender Sat.1, der meine Sendereihe „Sielmann Report" ausstrahlt, zieht immer größere Kreise. Meine Stiftung gestaltet bereits eine eigene TV-Kolumne, die in allen Lokalfenstern ausgestrahlt werden soll.
Eine sehr fruchtbare Zusammenarbeit hat sich auch mit der Zeitschrift „Sielmanns Abenteuer Natur" entwickelt. Unser gemeinsames Ziel ist es, die Leser auf das „Abenteuer Natur" mit all seinen Facetten und Reichtümern aufmerksam zu machen. Nur so kann ein Bewußtsein für die Schutzbedürftigkeit unserer Natur entstehen. Spannende Reportagen, wissenschaftlich fundierte Berichte und farbenprächtige Fotos sollen die Leser begeistern. Besonders glücklich bin ich darüber, in jeder Ausgabe auf mehreren Seiten über die Aktivitäten meiner Stiftung berichten zu können.
Natürlich möchte ich möglichst viele Menschen für den Naturschutz aktivieren. In Briefen und Broschüren, die wir an Millionen Menschen verschicken, informiere ich über die Projektarbeit meiner Stiftung und mache deutlich, was der einzelne für den Naturschutz tun kann.

Auf diese Weise konnte ich viele Freunde aus allen Bereichen der Gesellschaft gewinnen, die meine Arbeit finanziell, ideell und praktisch unterstützen. Zu diesen Menschen, die Naturschutz nicht nur als Schlagwort verstehen, gehört auch Hiltrud Schröder, die First Lady von Niedersachsen, die sich bereits seit vielen Jahren für die Erhaltung der Natur einsetzt. Sie ist z.B. Schirmherrin eines Malwettbewerbs meiner Stiftung, mit dem Motto „Mein Beitrag zum Naturschutz", für alle niedersächsischen Schülerinnen und Schüler und wird uns auch in Zukunft unterstützen, zumal die Heinz Sielmann Stiftung ihre Geschäftsstelle in Hannover hat.

Die letzten Fischotter

Ein Teil des Geldes, das ich mit meiner Stiftung mobilisiere, fließt der Naturschutzstation Zippelsförde/ Rägelsdorf am Oberlauf des Rhin in Brandenburg zu.

Fotos von links nach rechts:

Im Sommer1994 leuchteten Lupinen am Grenzstreifen bei Duderstadt.

Auf dem Stadtgut Herbigshagen entsteht das erste Heinz Sielmann Naturparadies für Kinder.

Mit dem engagierten Stadtdirektor von Duderstadt, Wolfgang Nolte.

Auch Hiltrud Schröder und ihr Mann, Gerhard Schröder, Ministerpräsident von Niedersachsen, interessieren sich für unser erstes Fischotterprojekt.

Heinz Sielmann Stiftung

In der geschützten Uferlandschaft sind seltene Tiere wie der europäische Fischotter, der Schwarzstorch, der Seeadler und der Kranich zu Hause. Die Mitarbeiter der Station erfassen und schützen die Tiere. Seit der Grenzöffnung, zwischen 1990 und 1994, wurden 253 Otter

im Land Brandenburg tot aufgefunden. Zwar zeigt diese alarmierende Zahl, daß es in Brandenburg vermutlich die meisten Fischotter in Deutschland geben muß, sie belegt aber auch, daß diese Tiere besonders gefährdet leben. Jeder Fischotter braucht einen Aktionsradius von zwanzig Kilometern, und weil ein solches Gebiet fast immer von Straßen durchschnitten wird, gehen siebzig Prozent der toten Otter auf das Konto der Autofahrer.

Mit Unterstützung meiner Stiftung sollen Ottertunnel an Totfundschwerpunkten gebaut werden, damit die Fischotter gefahrlos die Straße passieren können. Das Naturschutzgebiet am Rhin, eines der letzten Paradiese der Fischotter, ist zu einem beliebten Ausflugsziel für Touristen geworden und muß unbedingt geschützt werden.

Rettet den Auewald

Ein anderes Thema, das mir besonders am Herzen liegt, ist der Auewald, ein Landschaftstyp, der zunehmend gefährdet ist.
Leider wird gegen den „Europäischen Regenwald", wie ich ihn nenne, genauso rücksichtslos vorgegangen wie gegen die tropischen Wälder z.B. in Südamerika. Während der letzten Jahrzehnte wurden zahlreiche Flüsse und Ströme kanalisiert, die Auewälder wurden abgeholzt, und die Überschwemmungsgebiete fielen weg. Das Ergebnis waren Hochwasserkatastrophen wie z.B. Weihnachten 1993, als in Bonn und Umgebung zahlreiche Familien evakuiert werden mußten und die Festtage in einer Turnhalle verbrachten, oder ein neues „Jahrhunderthochwasser" wie im Januar und Februar 1995. Mit Mitteln aus meiner

Stiftung möchte ich unsere letzten Auewälder schützen. Das gilt beispielhaft für ein Projekt im Europäischen Naturschutzjahr 1995, für das die Schutzgemeinschaft Deutscher Wald und die Vereinigung Deutscher Gewässerschutz die Trägerschaft übernommen haben. In der Umgebung von Gut Besenhausen, im südlichen Landkreis Göttingen zwischen Kirchgandern und Niedergandern, konnte sich ein kleiner Auewald nahezu in seiner Ursprünglichkeit entfalten. Die Nähe zur ehemaligen Grenze machte es möglich.

Der Gutsbesitzer stellte die Flächen eines angrenzenden Fichtenwäldchens für eine Renaturierung zur Verfügung, damit das Biotop vergrößert und mit einer naheliegenden Streuobstwiese vernetzt werden kann. In diesem Paradies, in dem noch Wasseramsel und Eisvogel zu Hause sind, können wir einen wichtigen Mosaikstein des Naturschutzes setzen.
Ich hoffe, daß dieses Projekt, das im Europäischen Naturschutzjahr zum „Projekt des Monats April" ernannt wurde, beispielhafte Wirkung haben wird.

Unter der fachlichen Leitung von Professor Dr. Hans Köpp vom Fachbereich Forstwirtschaft der Fachhochschule in Göttingen werden vor allem junge Menschen für die Anpflanzung und notwendigen Pflegemaßnahmen in dem Gebiet begeistert.
Ich bin sicher, daß ich in meiner Stiftung die Ziele und Anliegen für einen positiven Naturschutz verwirklichen und dazu beitragen kann, „Naturschutz als positive Lebensphilosophie" im Bewußtsein der breiten Öffentlichkeit zu verankern.

Die Gründung meiner eigenen Stiftung betrachte ich als Höhepunkt eines aktiven Lebens in der Natur für die Natur.
Mit ihrer Fachkompetenz stehen mir Prof. Dr. Peter Dittrich, Prof. Dr. Dr. h.c. Heinz-Georg Klös und

Prof. Dr. Hans Köpp als Mitglieder des Beirats der Heinz Sielmann Stiftung tatkräftig zur Seite.

Fotos linke Seite:

Frau Prof. Rita Süßmuth hat die Schirmherrschaft für unser Auewaldprojekt übernommen.

Der in seiner Existenz bedrohte Fischotter

Auch der Eisvogel lebt im Auewald.

Fotos rechte Seite:

Die Arbeit in der Natur ist nach wie vor mein Lebensinhalt.

Die Doppelschnepfe bei der Balz, eine absolute Rarität, filmte ich 1994.

Impressum

Herausgeber
Wolfgang B. Rölle

Verlegerische Gesamtleitung
Manfred Hörnschemeyer

Projektleitung
Joachim F. Hamacher

Autoren
Angelika Hofer
Walter Karpf
Heinz Sielmann
Uta Tennigkeit

Gestaltung
BB 5 Druckvorstufen GmbH
Hans J. Eisenschmidt
Jens-Peter Tiefensee

Assistenz
Sunla Mahn

Litho
Lithomatic
Hans Herr
97857 Urspringen

Druck
Karl Wenschow GmbH
80999 München

Buchbinderische Verarbeitung
Conzella
Urban Meister GmbH & Co. KG
85609 München

SAZ Dialog Marketing Agentur GmbH
Gutenbergstraße 1
30823 Garbsen

ISBN 3-930228-09-2

Bildnachweis
Die Auflistung der Fotografen erfolgt nach Seiten geordnet, jeweils von links nach rechts und von oben nach unten.

Schutzumschlag Sielmann Produktion (2), **Vorsatz** A. Wolfe, **Nachsatz** Stock Imagery/Bavaria, **Seite 1** K. Wothe, **2-3** A. Wolfe, **4-5** C. u. M. Denis-Huot, **6-9** Sielmann Produktion (3), **10-11** F. Lane, **12-13** Sielmann Produktion, **14-15** A. Schmidt, K. Wothe, **16-17** Sielmann Produktion, **18-19** W. Rohdich, **22-23** N. Rosing (2), **24-25** Sielmann Produktion, **26-27** A. Wolfe, **28-29** Sielmann Produktion (2), **30-31** M. Danegger, **32-33** Sielmann Produktion (2), **34-35** Panda Photo/Zefa, **36-37** Sielmann Produktion, **38-39** M. Danegger (2), **40-41** Sielmann Produktion (4), **42-43** S. Dalton/NHPA (2), **44-45** Sielmann Produktion (4), **46-47** Zefa Masterfile/Reeves, **48-49** Y. A. Bertrand, S. Meyers, **50-51** F. Pölking, **52-53** C. u. M. Denis-Huot, **54-55** Y. A. Bertrand, **58-59** M. Danegger, H. Reinhard, **60-61** Y. A. Bertrand, **62-63** K. Wothe, **64-65** H. E. Maas, M. Danegger **66-70** C. u. M. Denis-Huot, **71** F. Pölking, **72-73** S. Dalton/NHPA, D. J. Cox, **74-79** G. Ziesler, **80-81** D. J. Cox, **82-83** R. Lenninger, G. Kriso, **84-85** S. Dalton/NHPA, **87** K. Taylor/B. Coleman, **88-89** H. Hautala, G. Ziesler, **90-91** K. Wothe, H. Hautala, **93** Sunset, **94-95** T. Ulrich/Okapia, N. Rosing, **96-97** N. Rosing (2), **98-99** K. Wothe (2), **100-101** N. Rosing (2), **102-103** I. Gerlach, **104-105** H. Arndt, M. Danegger, **106-109** M. Danegger/NHPA (3), **110-117** K. Aitken (4), **118-119** Sunset. **120-121** W. Layer, **122-134** G. Wendt/Angermayer, **124-125** M. Jijima/Ardea London, G. Cubitt, B. Coleman, **126-127** K. Wothe (2), **128-129** D. J. Cox, K. Wothe, **130-131** K. Wothe, D. J. Cox, **132-134** K. Wothe (3), **135** Sunset, **136-137** G. Robertson/Ardea London/Auscape International (3), **138-139** H. Reinhard/Zefa, A. Wolfe, **140-141** G. Robertson/Ardea London, Hans Reinhard/Angermayer, **142-143** N. Pelka, W. Rolfes, **144-145** Dr. F. Sauer, F. Lane, **146-147** M. Weinzierl, M. Siepmann, **148-149** R. Maier, D. Bühler, **150-151** Dr. F. Sauer (4), **152-153** W. Mayr/Focus, M. Danegger, **154-155** J. Wegner, **156** M. Danegger, **158-159** C. Siegenthaler, **161** K. Wothe, **162-163** M. Danegger, **164-165** S. Meyers (2), **166-167** E. Thielscher, M. Danegger, **168-169** R. Sanford/Black Star (2), **170-171** D. J. Cox, **172-173** S. Meyers, **174-175** Sunset, **177** Y. A. Bertrand, **178-179** B. Sadler/Survival Anglia, **180-181** A. Schmidt, **182-183** U. Walz, W. Wisniewski, **184-185** W. Willner, **186-187** E. Falk (2), Dr. Ewald/IFA, W. Wisniewski/Okapia, **188-189** Sielmann Produktion (3), E. Falk, **190-191** E. Thielscher/Okapia, Sielmann Produktion (2), E. Falk, Sielmann Produktion.